民办高校
深化改革研究文集

MINBAN GAOXIAO
SHENHUA GAIGE YANJIU WENJI

主　编◎杨　松
副 主 编◎王仁法
执行主编◎付世明
执行编委◎郑春元　付世明

暨南大学出版社
JINAN UNIVERSITY PRESS
中国·广州

图书在版编目（CIP）数据

民办高校深化改革研究文集／杨松主编；王仁法副主编．—广州：暨南大学出版社，2013.11
ISBN 978-7-5668-0207-1

Ⅰ．①民…　Ⅱ．①杨…②王…　Ⅲ．①民办高校—教育改革—中国—文集
Ⅳ．①G648.7-53

中国版本图书馆 CIP 数据核字（2013）第 243772 号

出版发行：暨南大学出版社

地　址：中国广州暨南大学
电　话：总编室（8620）85221601
营销部（8620）85225284　85228291　85228292（邮购）
传　真：（8620）85221583（办公室）　85223774（营销部）
邮　编：510630
网　址：http：//www.jnupress.com　http：//press.jnu.edu.cn

排　版：广州市锋建商务服务有限公司
印　刷：广州市怡升印刷有限公司

开　本：787mm×960mm　1/16
印　张：11.5
字　数：200 千
版　次：2013 年 11 月第 1 版
印　次：2013 年 11 月第 1 次

定　价：25.80 元

序　言

民办高校是我国高等教育的重要组成部分。民办高校的存在和发展满足了我国社会对高等教育的多样化需求，为社会培养、输送了大量人才。如何办好民办高校，涉及多方面问题。在宏观层面，涉及民办高校生存和发展的背景、发展模式、法律与政策、教育公平等；在微观层面，涉及民办高校自身的制度建立、管理规范化、学科和专业建设、课程建设、师资队伍建设与学生管理等。民办高校作为推动我国高等教育发展与改革的重要力量，二十多年来所走过的是一条艰辛开拓、不断探索和改革、不断进步的奋进之路。

这本广东培正学院《民办高校深化改革研究文集》，近年来收录的是广东培正学院的教师有关民办高校如何深化教育改革的研究成果。自 1993 年建校以来，广东培正学院经历了从专科教育向本科教育发展的办学过程，在学科与专业建设、师资队伍、科学研究、办学条件、学生人数等方面取得很大进展，成绩显著。学校在“公益办学、规范办学、诚信办学、特色办学、质量至上”这一办学方针的指导下，找准自己的办学定位，即培养具有扎实的专业基础知识、有较强的实践能力及英语应用能力并符合社会经济发展尤其是珠三角地区经济发展急需的高素质应用型人才。二十年来，学校结合珠三角地区对人才的需求以及学校自身情况，已经形成“培养具有国际视野与创新创业应用型人才”的人才培养特色。本文集收录的文章，就是对围绕学校的办学定位、人才培养特色主线而展开的各项工作的思考与探索。

今年是广东培正学院建校二十周年。这本广东培正学院《民办高校深化改革研究文集》的编辑出版，是对我校近年来丰富的教育教学改革实践的初步总结，是对我校继续深化教育教学改革的一个有力推动，也是向建校二十周年的献礼。

广东培正学院院长　**张　蕾**

2013 年 9 月

目　录

产学研合作

学生工作

学科与专业建设

提高民办高校教学督导工作实效性探索

易辉煌

摘　要　目前民办高校中较为普遍存在教学督导流于形式等问题，提高督导工作的实效性是民办高校亟需解决的问题。为了解决这一问题，应该从提高认识、加强两级（学校和学院）教学督导制度和机制建设；以课堂教学为重点，开展全面教学督导；以对毕业论文（设计）和期末考试试卷的抽检为契机，开展评建活动；完善教学评价体系及提高督导人员的自身素质等方面来提高教学督导工作的实效性。

关键词　民办高校；教学督导；评建；督导理念

目前我国民办高校的教学督导工作中还存在一些问题，它们已经影响了督导工作的实际效果。其中有共性的问题——先天不足，也有特殊性的问题——教、学、管中的薄弱环节。民办高校“办学类型以教学型为主；办学层次以大专居多；人才培养目标以应用为主等。这些发展基础与发展方向的独特性要求督导工作应该寻找与之相应的方法和侧重面……”[1] 只有从民办高校的实际出发，解决好这些问题，才能从根本上提高教学督导工作的实效性。

一、目前民办高校教学督导工作存在的问题

（一）规章制度滞后，督导机制不健全

在规章制度方面，整个高校（包括公办）教学督导工作的法制建设都存在严重滞后的问题，这主要表现在：我国《教育法》规定国家实行教育督导制度后，国家教育主管部门尚未出台相关条例来规范高校教学督导工作的目的、性质、职责、组织形式、人员聘任等；部分民办高校尚未制定教学督导工作的基本制度，已制定的一些制度也大都以督导部门的名义颁

发，权威性不够高；大部分民办高校缺乏教学督导质量标准及院系两级教学督导机制等相关配套制度。这种状况不改变，教学督导工作的实效性就难以凸显出来。

在督导机制方面，一些民办高校对教学督导工作的认识不清，认为教学督导无足轻重，教学督导机构一般挂靠在教务部门，没有专门的独立督导机构。有的院校虽然成立了教学督导机构，但没有建立规范的工作机制，只是听听课、打打分，督导定位不准、职责不清，没有形成督导例会制度和院系两级督导制度，没有良好的信息反馈机制。民办高校教学质量监控中存在着教学管理工作缺乏竞争机制、教学质量监控范围较窄、教学质量监控作用发挥不充分等问题。有的民办高校领导甚至把督导机构当成一种应付上级主管部门检查或评估的摆设。

（二）督导方法不对路，督多导少

“督”的职能在民办高校日常工作中体现得较多，如在听课、检查常规教学资料、教学秩序、教学进度、毕业论文、期末试卷等方面，大都以发现问题为主。而“导”的职能体现不够，“导”是引导、指导，这个职能应该是教学督导工作的核心，但在实际教学督导工作中体现得不充分，缺少对专业性问题的深层次研究和指导，也没能向校方提出建设性的意见和建议。因此，民办高校教学督导总体上表现为层次不高，深度不够，重发现问题，轻解决问题，重一般性指导，轻专业性、针对性指导。

（三）督导面窄

“教学过程是教学管理人员、教师、学生，以及教学方法手段、教学设施保障等各方面因素共同参与和影响的活动过程，要实现对教学的有效督导，就应该将各因素各环节都纳入工作的范围之内。”[1]实际上，教学环节出现的许多问题常常与其他环节的影响和制约分不开。因此，把教学督导的范围仅限于课堂是远远不够的，而应该覆盖督教、督学、督管的所有领域。

（四）督导力度弱

目前大多数民办高校尽管都设置了教学督导机构，但工作仍停留在浅层面上，无论是人员的配备，还是机制的构建，都不同程度地存在一种应付的态度。而督导工作是全覆盖的、涉及面广、任务繁重，这必然导致教学督导力不从心，只好浅尝辄止，点到为止。

二、解决民办高校教学督导工作不到位的前提条件

（一）提高认识

1. 教学督导是保证教学质量的重要手段

加强民办高校的教学督导工作是民办高校生存的需要。在生源逐年减少而各级各类院校数量剧增的大前提下，竞争是激烈的，也是残酷的，危机更是明摆着的。现在的竞争主要表现在教学质量上。在市场经济条件下，学校的教学质量要由社会说了算，学生和家长都把眼睛瞄准有特色的学校。什么叫特色？它就是学校是否按社会的需要来培养人，培养出来的学生是否有执行能力，是否有市场，是否有单位要。在文凭泛滥的年代，谁也不愿意花钱去买一张毫无意义的文凭。要生存，必须要有质量作保障。教学质量是民办高校的生命线，内涵式发展是民办高校赖以生存的根本。要实现这个目标，民办高校就要做好包括教学督导工作在内的各方面工作，提高教学督导工作的实效性。

2. 督导不是万能的，但没有督导是万万不能的

教学质量不取决于少数几节公开课、示范课、优质课，而取决于常态课的教学质量。由于学生和老师等诸多条件的限制，民办高校的常态课常常不正常。要解决常态课自由、放任、低效、无效、负效以及活动频繁、效果不明显等问题，发挥教学督导的作用就显得举足轻重。

正如教育部《关于加强高等学校本科教学工作提高教学质量的若干意见》（〔2001〕4号）第十二条“建立健全教学质量监测和保证体系”提出：“政府和社会监督与高校自我约束相结合的教育质量监测与保证体系，是提高本科教育质量的基本制度保障”。[2] 正确认识和处理教学管理中行政事务管理和学术管理功能的关系，建立完备的质量保证体系和相应的组织机构，加强和完善民办高校教学督导制度，提高民办高校教学督导工作的实效性，是教学管理模式创新的重要之举。

按照现代管理理念，民办高校教学管理系统由三个子系统构成：决策系统、执行系统、监督检查系统。这三大子系统只有保持在既统一又独立的状态下运转，才能使教学管理工作有效展开。

教学督导是对教学过程行使监督和评价职责的教育行为，是学校整个

教育教学质量监控体系中的一个重要组成部分。可以说，没有教学督导与评价的教学管理，就是不科学、不健全的教学管理。督导不是万能的，但没有督导是万万不能的。

（二）设置独立且高效的教学督导机构，实现督导与评估建设有机结合

广东培正学院（以下简称培正）的教学督导队伍成立于1999年，由于机构设置和隶属关系方面的繁乱，在一段时间内工作难以理顺。现在他们组建了独立的正处级教学督导机构，把督导与评估建设结合起来，增强教学督导的科学性与权威性，提高了信度和效度。

教学督导通过什么方式或手段才能最大限度地履行其职能、发挥其作用呢？1999年，教育部《关于加强教育督导与评估工作的意见》明确指出，评估既是教育督导的重要手段，又是教育督导的一项重要职能。《意见》对加强教育督导与评估工作的重要性、教育督导与评估工作的性质、督导机构的职责、教育督导与评估制度建设以及如何加强和改善对教学督导与评估工作的领导，充分发挥督学的作用等都提出了指导性意见。[3]

尽管教育督导与教学督导有着本质上的不同，但国家教育督导的做法对高校教学督导具有重要的借鉴意义。就学校而言，教学评估（自评）既是教学督导的任务之一，又是开展教学督导工作的重要手段，把二者结合起来，可以增强教学督导的科学性与权威性，提高其信度和效度。因此，我们应建立一套科学客观的评价标准，将严格的监督管理与科学的评估体系联系在一起，使之相互依存、相互促进、相互补充，最大限度地发挥民办高校教学督导和教学评估在内部教学质量保障体系中的作用和效果。只有这样，它的科学性和权威性才能显现出来，才能提高教学督导工作的效度。他们把教学督导与评估建设结合起来取得的明显效果就是证明。

（三）健全教学督导规章制度

民办高校的教学督导工作随意性较大，其中的一个重要原因是缺乏有效的规章制度约束。一般来说，教学督导规章制度应该包括：教学督导工作条例、教学督导办公室职责、教学质量督导规程、督导评估制度、教学督导岗位责任制、督导档案的管理办法、督导人员的培训制度和聘任制度、规范督导人员行为的工作守则等。这样，工作就有规可依、有章可循，就可以使工作人员明确工作指导思想和原则方法，使教学质量监控工作规范、专业、有力度。除了上述基本的规章制度外，还要结合本校的实际情况，

制定一些具体的工作制度，如听课制度、查看制度、信息反馈制度、评议制度等。培正的听课制度明确规定：校级督导每周听课不少于 12 节，系部二级督导每周听课不少于 4 节，听完课后现场与授课老师沟通、交流，以达到不断完善课堂教学、提高教学质量的目的。

三、提高民办高校教学督导工作实效性的措施与方法

（一）加强院（系、部）级教学督导建设，完善二级督导工作体系

“建立二级学院（系、部）级的监控体系，调动校院两个方面的积极性，构建校院分工合作的教学质量保障体系成为有效模式。”[4] 两级管理体制下的教学质量督导与评价体系，目的是管理重心下移，进一步强化学校的自我质量监控功能，充分发挥二级学院专家在学科和专业对口方面的优势，促进督导工作与学院教学管理的紧密结合，逐步实现督导职能由重“督”到重“导”的转变，使教学督导与评估机制运行顺畅，形成校院教学质量保障工作上下联动、齐抓共管、各有侧重的局面，建立教学质量保障的长效机制。

培正学院在校院二级设置了兼职教学督导，成立了兼职教学督导小组，成员由具有副高以上职称的学科带头人、各专业负责人、教学骨干等组成。校级教学督导员由学校招聘产生，为二级督导组的联络人，由主管教学的教务长聘任并主管。两级督导在业务上协调互动、分工合作、配合互补、但不具备行政隶属关系。二者在督导和评估方面的分工各有不同：①在督导方面，校级教学督导主要对全校公共基础课、公共专业基础课、校级重点课程的教学情况和对学校教学管理工作的落实情况进行督导；院级（系、部）教学督导主要对所属教学单位专业课程教学、青年教师新开课及所在单位教学管理工作实行督导。②在评估方面，校级督导侧重于对学校整体教学工作评价和评估，对专业建设、课程建设、培养方案、教学管理等问题进行专题调研、定期向有关部门反馈教学工作中存在的问题并提出合理化建议；院级（系、部）教学督导小组侧重于对本单位课堂教学和各教学环节的自查自评。院级（系、部）的教学督导成为学校教学督导工作的有力补充，延伸了教学督导工作的触角。由于他们在专业方面拥有各自的优势，因此评价比较到位，指导也比较得体。

（二）以课堂教学为重点，建立适合民办高校的听课制度

听课制度是教育部（教高〔2000〕2号）关于“教学质量管理与教学评估”内容中强调的重要制度。“课堂教学是整个教学过程的关键环节。”[5]教风、学风、教学水平、管理水平都集中反映在课堂教学上。因此，民办高校教学督导要紧紧抓住课堂教学这个环节，开展全面的教学督导。培正学院根据自身的办学定位，制定理论课、实训课、实验课、技能课（由于培养应用型人才的需要，后三类课在民办高校所占比重较大，应该成为教学督导的一个重要关注点）等不同类型课程的评价标准，采用重点听课与随机听课相结合的方法，教学督导通过听课了解教师课堂教学和学生学习的情况。从教师课堂教学方面来说，他们注意从教学态度、教学内容、教学方法和教学效果等方面实施督导，大大激发了教师教学的主动性和积极性，老师们普遍加强了备课、讲课、布置作业等环节，增加了经验交流活动，使老师们将主要精力集中到课堂教学中，规范自己的课堂教学行为。在督导过程中重点加强对新进教师的指导和帮教，抓两头带中间，鼓励教师特别是青年教师勇于创新、勇于探索，把教学改革成果应用于课堂教学中，树立新型人才培养观，注重对学生综合素质的培养，在课堂教学中发扬个性，形成各自的教学特色和风格。注意在督导过程中查看设置的新专业、新课程是否受学生欢迎，是否符合社会需求。针对青年教师缺乏教学基本功和课堂管理能力，培正学院的督导及时写出了《就我校青年教师的成长状况向学院领导建言》、《谈谈怎样写教案》、《青年教师在科研上必须占有一席之地》、《就学生的出勤问题向任课老师和辅导员建议》等文章。学校教务处及时接受了建议，立即举办了两期青年教师教学基本功培训班，以解青年教师的燃眉之急。在广泛听课取得成效的基础上，他们又组织两级督导成员集体进行有针对性的听课，或推广经验，或纠正偏差。长期的听课、检查和指导使老师们的课堂教学方法发生了较大的变化，探讨式教学法、讨论法、案例教学法、启发式等充分体现以学生为主体的教学方法得到广泛推广与应用。

（三）以对毕业论文（设计）和期末考试试卷的抽检为契机，开展评建活动

“考试是检验教学效果的一个必要环节，教学督导检查也是学校保障教学的一项重要任务。”[6]培正学院督导评建办每年把毕业设计（论文）和期末考试试卷纳入教学督导的常规工作，定期组织抽查评审，反馈问题，提

出整改建议。充分发挥督导的评估和咨询功能，配合学校教务处开展新专业、重点专业和新课程、精品课程建设、教改立项、实践教学等专项检查评估，深入开拓、努力研究解决教学和管理等方面存在的深层次问题。开展教学评估整改、教风学风检查、优秀教师课堂教学经验和教学方法等一系列专题调研活动，深化教学督导工作的层次，真正形成“教、学、管”全方位、“监督、检查、评价、指导”立体化的教学督导工作机制。以试卷检查为例，由于他们把发现的问题及时反馈给教学单位，所以现在问题越来越少了。

附表　试卷常见问题一览表

问题环节	问题分类	问 题 特 征
A. 命题	1. 教学大纲、覆盖面、教学目的	有的计算题不在教学大纲的范围内；教学大纲中涉及“产业投资”的内容覆盖较少；体现教学目的方面还有一定欠缺。
	2. 知识性、科学性、评分标准	评分标准不够合理，名词解释题评分标准不够细致；评分标准不够严密。
	3. 题型的多样性、题目总量与考试时间	概念性、记忆性题目偏多，应用性和实践性题目偏少；题目数量偏少，缺少论述题。
	4. 难易度	计算题难度较大，耗时较多。
	5. 其他	论述题的第二题有打印错误；题首登分总表中，二、三大题得分设计颠倒。
B. 阅卷	1. 评卷方式	评卷方法单一，没有流水作业。
	2. 评卷态度	没有阅卷标示。
	3. 参考答案	有一道题参考答案有误。
	4. 评分标准	单选题每题 2 分略高。
	5. 签名	该签名的地方没有签名。
	6. 记分	第一大题多记 1 分，总分应该是 79 分，不是 80 分。
	7. 其他	无
D. 试卷分析	1. 内容、态度	分析不具体、不合理，套话多。
	2. 签名	有少数老师未签名。
	3. 其他	无
E. 试卷装订	1. 装订质量	有一本试卷细目表倒装。
	2. 签名	无

（四）完善教学评价体系

教学质量评价因需要而有不同类型，例如诊断性评价、总结性评价、形成性评价。教学督导在教学质量评价方面应以形成性评价为主，重在全员参与，即教师、学生及全体管理人员、社会相关单位（用人单位）和专家都参与其中，其目的在于发现问题、反馈整改、促进教学改革、实现培养目标，从而促进教师进步和学生发展。

教学质量评价主体由学生、教师、管理者、督导、行业专家构成，其评价方法是依据评价标准对教学过程进行解剖和分析的。以培正学院为例，其评价体系已经涵盖下列几个方面：

1. 督导评教制度

两级督导以教学管理制度为依据，对整个教学过程进行监督管理，通过评议、鉴定、指正、表彰等形式向教务处或校领导反馈教学意见，并督促教务处实施整改。

2. 师生互评制度

通过学生对教学过程的评价，了解教学情况。其中包括对教师的评价，对教学计划落实情况的评价，对专业建设、课程建设情况的评价等。一般采用问卷调查、学生座谈会、网上打分等形式，在此基础上建立学生评价教师教学效果的资料数据库。教师评学生主要是从学生出勤、课堂表现、学习态度、学习方法等方面给学生提出建议和指导，并根据考评情况给学生记平时成绩。

3. 教师评教制度

通过教师对教学过程的评价，了解教师教学、学生学习的情况。其中包括教研活动的开展、对教学计划的修改、对专业建设和课程建设的评价等，还包括教师互评、教师自评等方面。主要通过开座谈会、听课、写教学总结、提书面建议等形式进行评教。

4. 领导评教制度

领导深入课堂听课，了解教学情况，通过填写“课堂教学质量评价表”，向教学督导和系部质量保障部门反馈。有领导参与的教学质量评价，具有最高层次性和权威性，对领导的管理决策和老师的健康成长有重要意义。

5. 师生评管制度

由教师和学生对教学政策、法规、制度的拟定机构、执行机构、解释机构所出台的教学计划、培养方案、课程标准等进行评价，对事故处理的水平、服务意识、整改措施、改善方法等进行评价，以加强和改善学校的管理。

6. 行业专家、用人单位和家长评价制度

聘请企事业单位专家对教学全过程和所培养人才进行评价；召开用人单位和学生家长座谈会，听取他们的意见和建议。

7. 毕业生评价制度

让已走上工作岗位的毕业生对学校教学进行评价，主要听取他们有关学校的教学设施、教师职业道德和业务能力、专业设置、课程设置、考试制度、学习氛围和学生成长环境、素质教育效果、学校管理等方面的意见和要求。

（五）建立信息反馈机制，完善文档资料管理

教学督导活动应建立信息反馈机制，各种督导活动必须有翔实的信息记载，要及时将督导中发现的动态信息和静态信息向教学决策系统反馈沟通，定期发行督导简报，编写教学督导分析报告，及时发布督导信息，反馈解决结果，形成开放式管理理念、上下渠道通畅、解决问题及时、推动工作有力的局面。同时也应将教学督导记载本、教学督导简报、评课记载、师生座谈记录、两级督导活动记载、工作计划、工作总结、教学督导调研报告、督导时间安排等资料归档管理，使教学督导工作更具规范性、针对性和实效性。

培正学院在这方面作了许多尝试，定期编写《督导通讯》和《督导简报》，发表有关督教、督学、督管方面的通讯报道。不断探索新的方法和载体，开通教学督导专用邮箱，建立教学督导网站，设置点评教、点评学、点评管几个平台，拓展教学督导工作的影响和受益面。通过这些载体，充分展示两级教学督导工作情况，通报检查和评估中发现的问题，让师生了解学校教学与管理工作的相关要求和评价标准，也为开展指导和帮教工作开辟了新的路径。他们还录制一些教学公开课、优秀教师的课堂教学录像，请一些优秀教师撰写教学心得，并邀请教学工作突出的二级学院总结教学管理经验，推荐一些优秀教案、课件和教学研究成果，为广大教师学习优秀教学方法、交流教学经验、提高教学水平提供一些方便。

（六）转变督导理念，提高督导人员自身素质

1. 树立为师生服务的督导理念

教学督导的主要任务是“以服务于教学和教学管理为宗旨，以促进教学质量提高为目标，以教学信息收集为手段，针对教与学双方和教学全过程，对整个教学实践活动进行监督、指导、检查和评估，及时客观地向学校教学行政管理部门及教学双方反馈教学现状、问题、质量等教学工作信息，并提出改进教学工作的建议”[7]。

（1）要树立“以教师为本”的督导理念。从教师的角度出发，进行换位思考。充分认识青年教师那种渴望被督导肯定、受其他教师尊重、受学生爱戴的心理，从而实现自我价值。督导的根本目的不是抓教师的教学问题，而是指导、帮助教师改进教学方法和提高教学水平。发现问题只是手段，解决问题才是目的。因此，督导的职能应以指导、帮助、服务为主。而且服务要耐心、到位，一些非师范类院校或科研院所出身的青年老师，对他们进行呆板的说教或者向教学主管部门“告状”是不可行的。要抱着虚心向教师学习的态度，怀着去发现教师的亮点和总结成功经验的心态，了解教师教书育人的好经验、好方法、好典型。这方面，培正学院的专、兼职督导作了许多有益的尝试，他们听课后不仅现场与授课老师沟通交流，提出自己的意见和建议，事后还写出了许多激励赞美的文章，如《小荷已露尖尖角》、《问渠哪得清如许，为有源头活水来》、《功力与效果》、《原来〈高等数学〉课可以这样讲》、《一堂别开生面的课堂实践教学课》等。它们刊登在各级刊物上，受到评估专家们的一致好评。

（2）要树立以学生为中心的督导理念。“督教”的目的是“督学”。“督学”，是指对学生的学习活动过程进行全方位的督导。学生是教学活动的主体，是体现学校育人质量的载体，是教学督导的主要服务对象。对学生督导，要从提高学生的综合素质和水平出发，注重检查评议学生在思想政治觉悟、事业心与责任感、社会公德、法规意识、学习自觉性、学习方法、学习效果、综合能力、操作技能、强身健体意识、运动技能等德、智、体诸方面的变化和发展状况。只有加强督学，才能促进良好学风的形成，调动学生学习的主观能动性，从而达到教学督导的最终目的。教会学生学习是现代教育的基本任务，教学督导要经常深入教学第一线，通过听课、检查作业、个别谈话等方式，关注学生的学习情况，研究学生的自主学习能力和创新能力，促进优良学风的形成。针对学生专业基础不牢固和学习

方法不正确的情况，广东培正学院督导写出了《〈计算机科学概论〉教学漫谈》、《论马克思主义政治经济学与西方经济学教学的关系——浅议高校如何处理好两课教学的关系》等文章，在学生中产生了很大的影响。

民办高校教学督导只有以学生为中心，以教师为根本，发挥服务与咨询功能才能有更大的发展空间。只有充分调动老师和学生的积极性，取得他们的支持、配合和参与，经常听取师生对督导工作的意见和建议，增加督导工作的透明度，才能不断提高督导工作的实效性。

2. 转变督导方法，由重“督”转为重“导”

传统的教学督导理念重视个人的权威，而现代教学督导理念注重发挥集体作用。要提高教学督导工作的实效性，光靠督导机构少数人是不够的，必须要依靠师生群体的力量，转变督导方法。传统的教学督导方法采用个人居高临下的灌输式做法，在现代条件下是不适用的。特别是民办高校，大家都是同一战壕里的打工仔，只有采用民主的方法，虚心倾听师生的意见，和他们一起讨论，集思广益，主动与他们一起探讨教学中存在的问题、原因及解决问题的办法。在督教、督学中以平等的身份出现，尊重教师和学生，善待他人，以谈心的方式、商讨的方法，秉承共同研究切磋的精神，做到启发点化、引导激励他们积极投身教学改革的热潮，使他们心悦诚服地接受督导的建议。

3. 加强理论与实践研究，提高自身素质

教学督导工作对我们民办高校来说是一项全新的工作，加之督导理论和方法的形成及完善是一个较长的摸索过程，需要我们不断进行实践和探索，以丰富教学督导的理论，完善教学督导的方法，提高督导工作者的理论水平和工作能力，以提高新形势下督导工作的实效性。为此，培正学院提出把教学督导队伍打造成一个研究型团队的口号。目前，他们正在对“教学督导的效能”、“教学督导的模式”、“校院（系、部）两级教学督导的关系及开展的有效途径”进行研究。

“符合时代精神的教学督导理念；切合现代要求的专业知识结构；胜任本职工作的督导研究能力”[8]，这是教学督导应该具备的起码的专业素质。在生源相对减少、竞争日趋激烈的形势下，民办高校必须走以提高教学质量为中心的内涵式发展道路，这就对督导员的素质、能力、品德等方面提出了新的要求，督导员不仅要熟悉本学科本专业的知识和技能，还应尽快了解并逐步掌握相近专业和更广博的专业基本知识，要求了解当今科学技术和高等教育发展的最新动态。

督导员还要经常注意研究新情况、新任务，进一步拓宽督导工作领域，做好服务工作，逐步增大督导工作的科技含量。比如“双语教学”和“全英语教学”是近年来出现的新的教学模式，如何界定双语教学与全英语教学？双语教学和全英语教学的教学效果如何？如何培养英语业务能力强的教师？诸如此类问题，培正的做法是由督导牵头进行研讨，以达成共识，更好地指导教学实践。《双语教学之我见》、《对我院外语教学问题的几项建议》就是培正学院两位资深督导写出的对学校英语教学改革起了较大推动作用的文章。

实践告诉我们，要做好督导工作，必须加强自身学习，努力提高自身素质。督导员不是万金油，但是督导的知识面还是要宽一点，因为每个督导不可能只听一个专业的课。除了懂自己所学的专业之外，还应该尽可能地准备一套听课对象的教材，熟悉一些基本内容和大体结构，听起课来才有底气，才有话语权。

基于上述情况，学校要给督导员提供更多的学习和交流机会，组织他们学习有关教育改革的文件和规章制度，学习教育理论，掌握教育规律，熟悉教育管理方法；让他们走出校门，与同行进行交流；在督导员上岗前进行一定的工作培训，提高督导能力。通过学习，培正学院的教学督导在一定程度上提高了教学督导水平，几年来写出了 50 多万字的教学督导心得体会和与教学紧密联系的论文。

参考文献

[1] 朱斌，黄永香．如何提高民办高校教学督导工作的实效性 [J]．企业家天地，2010 (3)：126.

[2] 教育部．关于加强高等学校本科教学工作提高教学质量的若干意见（〔2001〕4 号）[EB/OL]．http：//xpgb. swu. edu. cn/article/2007/0624/article_ 208. html.

[3] 教育部．关于加强教育督导与评估工作的意见 [EB/OL]．http：//www. gov. cn/gzdt/2012 – 09/17/content_ 2226743. htm.

[4] 冯砚，赵培举．构建校院两级教学督导评价体系 [EB/OL]．http：//www. gmw. cn/01gmrb/2009 – 10/28/content_ 1000046. htm.

[5] 李荣莉．浅谈“M · E”——感“动”英语课堂 [EB/OL]．http：//www. cnki. com. cn/Article/CJFDTotal – ZXLJ200719143. htm.

[6] 李强．小议高校教学督导之试卷抽检制度 [J]．人力资源管理，2010 (3)：156.

[7] 张军海，王建栋，王晨燕．新形势下高校教学督导新思维 [EB/OL]．http：//www. pep. com. cn/xgjy/gdjy/gjyj/gdjyx/201008/t2010 – 08 – 26_ 746757. htm.

[8] 潘卫斌．提高督导队伍素质，推进督导事业 [EB/OL]．http：//www. jsqdedu. net/Item/5498. aspx.

民办高校市场营销专业培养应用型人才方式探讨

常文志

摘　要　民办高校市场营销专业培养应用型人才需要创立具有职业针对性的市场营销专业课程体系，开展多种形式的有效实训教学，开展课外实践互动教学，全面提升学生的职业能力。与此同时，还需要全面提高教师的综合素质，担负起培养应用型人才的重任。

关键词　民办高校；市场营销专业；应用型人才

为了提高教学水平和教学质量，必须以培养应用型人才为导向，建设特色市场营销专业，这是质量工程的重要内容，也是培养高素质的市场营销人才的重要保证。

一、创立具有职业针对性的市场营销专业课程体系，培养应用型人才

美国著名教育社会学家马丁·特罗教授根据欧美等国高等教育发展的现状，探讨了这些国家高等教育发展过程中的量变与质变问题，提出了高等教育发展阶段理论。这个理论认为在精英教育阶段，高等教育主要是选拔国家科技、管理人才，塑造人的心智与个性；在大众化教育阶段，高等教育的主要功能是向广大公民传授社会知识与培养职业能力。可见在精英教育阶段，高等教育主要培养“学理型”人才，在大众化阶段，高等教育则主要培养“应用型”人才。

目前，我国高等教育已进入大众化教育阶段，随着我国经济和科学技术的迅速发展，各行各业需要大量具有丰富的专业理论知识和突出实践能力的“应用型人才”。我们市场营销专业是培养应用型人才。因此，专业的培养目标应该具有职业针对性。

经过调查发现，大多数企业都将产品销售放在企业经营管理的首位。

这些企业销售部门人数多、力量强，流传着“推销人员满天飞”的说法，中小企业表现得尤为突出。他们依此扩大产品销售，提高产品的市场占有率，增强竞争优势。许多企业都将招聘到的大学毕业生放到销售部门，锻炼一年后再让其走上其他工作岗位。企业之间争夺优秀的销售人才的现象表现得非常突出。在人才市场上，企业招聘销售人才的比例，远远超过招聘其他岗位人才的比例。这些说明，企业急需高素质的销售人才。

根据这样一种人才需求形势，我们市场营销专业将培养掌握现代营销观念、现代营销方法，在竞争中销售产品、发展新客户、维持老客户，能为企业维持并发展产品市场占有率的销售人才，并以此作为市场营销专业毕业生的职业针对性。为了实现这一目标，一些院校对市场营销专业课（即人才培养方案中的专业选修课）进行了全面调整，突出并加强了一些在竞争中有效销售产品的课程，具体包括销售管理、现代推销学、分销渠道管理、客户关系管理、商务谈判等课程，形成了培养高素质销售人才的课程体系。通过课堂教学及实验教学，使民办院校的毕业生具有现代销售观念，掌握现代销售原理方法，在实际工作中，有较丰富的解决实际问题所需要的理论知识及初步能力，满足当前企业对高素质销售人才的需求。民办院校市场营销专业以培养高素质销售人才的专业课程体系与广东省其他高校的市场营销专业的专业课程体系相比，具有明显的不同。

中山大学是一所研究型大学，它的市场营销专业的专业课程体系由网络营销、定价管理、全球营销、新产品管理、营销策略等课程构成，显然它着重为大型企业及经济管理部门、科研机构等培养人才。

广东商学院是一所教学研究型大学，其市场营销专业的课程体系是由新产品开发与管理、全球市场营销、管理信息系统、服务营销等课程构成，明显地表露出它培养的是具有应用能力和一定的科研能力人才，这样，它培养出的人才不仅适用于生产企业，还适用于流通性企业以及市场咨询企业。

广东金融学院是一所教学型大学，它的市场营销专业是以服务营销为主，突出金融营销，不仅开设了金融营销课，还针对金融营销中的一些问题进行专门研究，从它的专业课程体系不难看出，它的市场营销专业具有金融行业特点。

与中山大学、广东商学院、广东金融学院的市场营销专业相比，广东培正学院市场营销专业的专业课程体系有明显不同，对人才培养的方向也明显不同。具有培养销售人才的职业针对性，构成了我们的专业特色。

我们的专业培养目标是为企业培养高素质销售人才，并以此形成我们的特色，这样做是否符合学生们的期望，是否影响他们的发展前途呢？对此，我们做了认真的分析：

（1）我们的市场营销专业的专业基础课（即人才培养方案中的专业必修课）都是按照国家教育部的规定开设的，课程不缺，学时不少，因此，学生的专业基础不受影响，对学生报考硕士研究生继续深造没有影响。

（2）企业的销售人员在工作时亲临市场竞争的第一线，与其他工作相比，更有展现才华的机会，业绩明显，受提拔的机会多，许多企业中的老板、经理、副经理都出身产品销售人员。出身于销售人员的企业领导远远超过其他岗位出身的领导。所以，对于热爱销售工作的毕业生来说，前途是光明的。

（3）各企业的产品销售人员的薪金收入，都高于其他岗位工作人员的薪金收入，因此，从事销售工作在经济收入上是可观的。

（4）对于不愿意从事销售工作的毕业生来说，接受现代销售训练，系统掌握产品销售方面的知识，在企业做两年销售工作也不吃亏。因为在人才市场上，企业招聘销售人员多，就业比较容易。先做两年销售工作，然后再回到人才市场应聘其他岗位，两年的销售实践，各企业都很看重，他们会优先招聘具有两年以上实践经验的应聘者，这种实践包含销售实践。因此，对于想从事其他岗位的同学来说，也是有许多好处的。

二、搞好实训教学是培养应用型人才的前提

（一）企业对市场营销专业的毕业生的基本要求

市场营销专业是应用性很强、行业要求面广的专业。目前，企业普遍要求求职者能马上适应工作，要求从事产品销售的市场营销专业毕业生进行简短培训，即了解产品特点和市场特点之后，就能从事产品的推销，这对求职者的职业素质和职业能力要求较高。因此，学生必须在毕业前，通过实训实践教学，得到有效的强化训练，掌握一定的推销方法和技巧、具有较好的职业能力和职业素质。

（二）实训教学内容

实训实践教学的目标是到企业后，经过短期训练，对产品与市场有了

基本了解后，就能投入产品的销售。因此，实训实践教学内容包括下述三个方面：

1. 完善学生的知识结构

市场营销专业知识融会贯通的使用，将市场营销学、销售管理、现代推销、商务谈判、分销渠道管理等专业知识融会贯通地对学生进行训练，完善学生的知识结构。

2. 提升产品销售的职业能力

产品销售的职业能力是产品销售的综合能力和实践能力。

综合能力是指综合运用所掌握的知识分析、解决产品销售过程中所遇到的各种问题的能力。因此在教学工作中，打破知识体系的界限，以问题（或项目）为导向，为学生开设综合性课程（或实际工作项目），使学生的综合能力得到有效训练。

实践能力是指制订解决产品销售问题的方案并加以实施的能力。为了提高产品销售的实践能力，将专门对学生进行产品销售演习和训练，而且还要到实习基地进行产品销售实习。

3. 强化学生产品销售的职业素质

产品销售的职业素质主要包括语言表达、团队精神、考虑问题周密性等。实训授课老师应强化这些素质方面的教学，对学生要有针对性地进行训练。

（三）实训教学方式

目前，市场营销专业实训的教学方式主要有三种：基地实习、实验室模拟和项目教学（企业项目策划）。

1. 基地实习

基地实习就是组织学生到实验基地进行实训。环境真实，但实习时间有限，学生只能随机地见到一些与专业知识相关的东西，任何企业都不可能将市场调研、营销策划、产品销售、营销效果评估等整个营销工作流程按照我们的实习时间进行压缩，在有限时间内完成，保证学生实训的要求。另外，学生人数多，缺乏足够的实习基地。因此，这种实训方式虽然有明显的优势，但是目前还不能全面展开。

2. 实验室模拟

实验室模式实训目前有两种形式：计算机软件模拟和沙盘实训。这种方式可使学生在一个模拟的商业环境中，通过模拟竞争的方式演练营销决策制定的整个过程，帮助学生较为系统地实践、体验企业的营销整体过程，模拟的效果可以用量化的销售额、利润等指标反映出来。对学生也有较强的激励效果，且有明显的优势。其缺点是商业环境是虚拟的，仅能侧重营销决策的设定，缺乏实际操作，甚至在模拟实训过程中，有的学生敷衍了事，影响实际效果。

3. 项目教学（企业项目策划）

这种实训方式具有很强的实践性，针对市场营销专业高年级的实训学生，大多侧重市场调查、促销策划、产品销售等实际项目，对学生的专业素质和能力有很好的锻炼，但需要的时间较长，合适的项目难以选择。另外，教师的工作量大，且难以核算。

我们学校市场营销专业的学生多、教师少，而且实习基地规格小，且数量不多，鉴于这种实际情况，目前实训教学应以实验室模拟为主。

三、开展课外实践互动教学，全面提升学生的职业能力

“互动式”教学模式是以现代教学思想和教学理论为指导，充分体现以教师为主导，以学生为主体，以互动内容为主线，着重培养学生的独立思考和创新意识、创新能力、实践应用能力及团队精神的一种新型教学模式。

市场营销专业的学生对专业知识比较容易接受，但灵活应用比较难。一般作业比较少，学生平时很轻松，临到考试采取强化记忆方式，死记硬背书本和笔记内容，考完试后，对课程内容能够真正理解和掌握的很少，遇到实际问题，又不会分析，这跟平时缺少阅读与思考，对与课程相关的课外知识掌握较少有很大关系。我们可以用课外实践互动教学解决这一问题。

我们学校目前有 37 个学生社团，学生对这些社团的活动十分感兴趣，对活动也相当关注。利用学生的这个特点，可以选择一些学生社团，如职业营销协会、未来企业家协会等，派出老师组织他们开展市场调研、产品推销、广告策划、创业策划等活动，在活动中，老师提出问题，启发他们思考，学习知识，解决他们遇到的问题，使学生活动变成戏剧化的课堂，达到教学目的，从而提高学生解决问题的能力。

四、全面提高教师素质，适应新的教学形势

市场营销教学团队现有 9 人，他们都能很好地完成课堂教学和实践教学，但对于培养具有销售职业能力与职业素质的应用型市场营销专业人才来说，还缺乏实践，没有经验，需要再学习。

教育部委托武汉大学的研究项目《新办本科院校学科专业评价分析报告（2012 年）》，在 173 所被评价的新建本科院校中，我们的市场营销专业被评为 4A，即优势专业。全国有 500 所院校设有市场营销专业，我们的排名为 84。为了巩固并发展这个专业建设的成果，我们还需要提高教师的科研能力，尤其是提高青年教师的科研能力。

1. 教学团队到示范基地短期实践，培养自己的销售职业能力和素质

目前市场营销教学团队的教师，有的在全日制大学，甚至 211 兼 985 大学执教多年，有的在全日制大学取得工商管理硕士学位，他们的知识结构合理、专业知识全面、基础知识比较牢固，但都没有从事过销售工作，缺乏销售职业能力和素质。为了更好地培养具有销售职业能力和素质的应用型市场营销专业人才，要有计划地组织这些教师到示范基地去实践产品销售工作，研究销售问题。争取在 3 ~ 4 年内使团队的教师都能到示范基地实践 1 ~ 2 次。

2. 以“老教师传帮带，青年教师干中学”的模式提高科研能力

市场营销专业建设和市场营销团队建设的当务之急是提升青年教师的科研能力。市场营销团队中的两位教授，有一定的科研能力和培养青年教师的经验，我们决定采用“老教师传帮带，青年教师干中学”的模式提升青年教师的科研能力。具体做法是：通过科研项目（校级重点课题以上项目），老教师提出要求，指出方法，指导青年教师独立完成科研项目，从而使青年教师在实际研究中提高能力。在培养青年教师的工作中，老教师要做到：

亲自做一做：老教师具体作一些研究，给青年教师做榜样。

亲自谈一谈：就研究的关键问题和青年教师很好地谈一谈，指出方法，使青年教师心中有数，提高对科研工作的信心。

亲自看一看：老教师对青年教师的研究工作要经常看一看，了解研究工作的进展情况，做到及时指导。

亲自帮一帮：老教师对青年教师遇到的实际问题，无力解决或解决不

好的，要亲自帮助一下，做到有针对性地提高青年教师的能力。

青年教师在完成自己的科研项目时要做到：

勤于思考：申请项目时，进行研究时，对遇到的问题要经常思考，尽量自己找出原因和解决问题的方法。

主动请教：如果经过深入思考也解决不了的问题，就要主动向老教师请教。

独立完成：科研项目，一定要独立完成，这样才能有所提高。

认真总结：项目完成后，对科研的全过程，认真回顾、分析、总结，找出经验，加深认识，实现科研能力的提高。

经过上述努力，最终使团队科研能力得以提高。

培正学院的前途是光明的，市场营销专业的建设是艰巨的。我们深信，在学院领导的大力支持下，一定会将市场营销团队建成优秀教学团队，将市场营销专业建成有特色的专业，为广东的经济发展培养大批优秀人才。

构建民办高校"全方位"创新人才培养体系

刘菊华

摘　要　培养创新人才是全球化时代对大学的要求，民办院校应从创新教育机制，选择培养创新人才的路径方法，精心设置课程，科学组建教师梯队，创新管理模式，营造适宜的学习环境，创新对创新型人才的评价机制等方式方法，实施全方位培养创新型人才的方略。

关键词　民办高校；创新人才；培养体系

民办高校作为我国高等教育的主力军，一方面具有强大生命力，有着广阔的发展空间与深远的发展前景，另一方面也必然面临优胜劣汰的竞争风险。民办高校要在竞争中立于不败之地，必然面临多方博弈。而确立科学的培养目标，努力培养创新型人才，是增强竞争力的核心和关键。因此，构建创新人才培养体系，适应经济社会发展需要，就成为民办高校当前一项紧迫的任务。

一、确立创新教育机制是培养创新人才的首要任务

民办高校必须深刻领会建设创新型国家是国家发展战略核心的重要思想，并把这种认识落实到自己的岗位上，贯彻在自己的工作中，就是要在自己管辖的高校中确立创新的教育机制，加大对创新人才培养的力度。

学校的一切工作，必须围绕培养创新人才运转，努力构建培养创新人才的机制，并把它提高到办学指导思想的高度。教师要在具体的教学过程中，突出创新意识的教育，并把创新能力的培养贯穿于教学的全过程。

创新教育机制应突出以下三个方面的内容：

（一）突出个性化培养的育人机制

个性化教育是培养创新人才的重要思想基础。只有让培养对象的个性

得到充分释放，个人的创新潜能才会被开启，才容易被“伯乐”发现，创新冲动才有可能被进一步开启，创新人才的造就才有希望。然而，还有相当多的教师不重视个性化教育。因此，要培养创新型人才，必须彻底破除这种陈腐思想，树立重视个性化教育的新观念。个性化教育实施起来有难度，但对于这个问题也不要绝对化，至少可以做到对学生个性进行考察，实行分类培养，积极发现具有创新潜质又有可能发展成为创新型人才的少数大学生，对他们进行相对集中或专门的重点培养。应该说这是培养创新人才的快捷方式。山东英才学院创新班的实践，就是一个成功的先例。这个班一共获得100多项发明专利，其中顾业栋一人就有20多项。[1]个性化教育是培养创新人才的必要条件，是不可缺少的环节，也是事半功倍的方法。

（二）实施创新激励机制

构建鼓励创新的氛围，形成创新思想自由发展的空间，热情鼓励创新意识的发挥，切实保护创新思维的积极性，努力捕捉创新实践的冲动和意愿，积极引导并努力提供一切可能实现的创新条件，切实把这种创新的冲动转变为创新的实际行为。对此，必须给予较高的精神奖励和相应的物质奖励。

在对学生进行创新教育的过程中，必须激励其成功信念，协助解决所遇的困难，即使不成功，也要表彰其创新的意愿和行动。这既是对创新行为的肯定，又是对其他人的鼓励。因为一次性创新成功的事例并不多见，更多的是经过多次失败后的成功，所以对失败者进行鼓励是必要的，对成功者更要重奖。

对创新成果，哪怕是阶段性或试验性成果都要奖励，都要保护。因为人类进步的历史证明，细小的创新成果是凝聚伟大发明的必要条件，创新成果的积累是更高创新成果突破的重要条件。对于积极鼓励、引导、帮助学生树立创新观念，指导协助学生进行创新实践的教师或其他工作人员，也要及时表彰和奖励，特别要重奖那些帮助学生获得创新成果的工作人员。

（三）形成注重实际能力的培养机制

民办高校的定位，要求我们在对学生的培养中，把教育重点放在实际能力的培养上。这种能力首先是认知能力，即正确分析、判断的能力，同时还是一种方法选择能力，因为这种认知能力和方法选择能力，在学校教育中完全可以教给学生。只有掌握正确的认知和方法才能解决问题。我们必须承认，解决具体问题的能力是成功创新不可或缺的基础，重视解决具体问题的能力培养也是造就创新人才的重要方法。

二、选择培养的路径和方法是培养创新人才的着力点

（一）创新人才的培养路径

1. 校企合作培养

根据民办高校的定位和近年来的就业情况，应该把校企合作培养作为培养创新人才的主要路径。我们可以采取5种方式来通达这条路径。

第一，与企业合作。在企业内建立合作基地，这是长期合作的基础。

第二，为企业输送人才。这是增强合作的纽带，是企业认同和持续合作的重要条件。

第三，从企业直接招生。选拔具有创新能力和培养前途的员工。

第四，为企业攻关。这是培养学生创新能力的最佳途径，是快出人才、出好人才的直接动力。

第五，为企业提供专门服务。如提供企业管理、营销、策划、广告等实质性服务，让有一定经验的老师领队，组织一些基础较好、创新意识较强的学生参与，在服务中寻找创新机会是实施创新行动的直接办法。

2. 常规培养

常规培养，亦称大面积培养，即按照学校的教学计划对全体学生进行经常性的培养。在这种程序化的教育中，突出创新意识、创新能力的培养。常规培养就是现行的一般性培养。

3. 特殊培养

特殊培养，亦称重点培养。这是指从大量的学生中筛选出一定数量的学生进行重点教育。筛选一些能力相对强、基础比较扎实、有独立思考能力和习惯，尤其是好奇心特别强、思维方式独特、创新意愿和成功欲望特强的学生进行重点培养，着眼点在创新思维和创新能力之上。

条件好的学校，可以办创新班。如果不具备办班条件，可对少数学生进行一对一、一对几的专门辅导和培养。不管什么学校，少数资质特别聪慧的学生还是存在的，关键是怎么去发现，怎样进行培训。必须承认一个基本事实，即具有创新才能的学生不可能是多数，善于发现、重点培养才是真谛。

特殊培养，需要从师资、学校资源、培养手段和各种投入上下本钱。

（二）创新人才的培养方法

对创新人才的培养，必须有特殊的培养方法。

1. 签约培养

针对用人单位的实际需求，有针对性地培养，这种方式是按照签约协议进行。培养对象应在学校和用人单位取得共识的基础上确定。

2. 订单式培养

这种培养是根据用人单位的特殊要求，具有鲜明的专业性的培养方式。它除了业务的需要外，还有数量的制约。这种方法灵活性大，人数可多可少，时间可长可短，完全视用户需要而及时调整。

3. 创业园培养

这是一种级别较高的培养方式，它既可以根据用户的需要进行培养，更是为适用学生自主创业的需要而进行的培养。进入创业园的对象除了具备创业意识、创业冲动外，还必须有创业明确的具体项目以及相应的创业条件。这是目前培养创新人才，尽早尽快出成果的最佳方式。

三、课程的精心设置是创新人才培养的重点

基于民办高校的性质，与公办高校比较，其课程设置应有较大的灵活性。因此，在具体课程设计上，必须从实际出发，对国家相关规定作适当的技术处理，可以有增有减。针对培养创新人才的目标应该重视和强调特殊需要。在课程设置上，可以从以下方面考虑：

（一）专业课程设置要少而精

民办学校培养的学生从总体上说应该是专才，而不是通才。因此，专业课的设置应在“专”上下工夫，专业课的深度，从一定意义上说是排斥广度的。因此，专业课要少而精，只有少才能精。可以只开设体现专业深度的和有利于培养创新能力的课程。

1. 重点增设开发思维能力的课程

（1）思维开发的基础类课程。如形式逻辑和辩证逻辑等，此类课程通过增强学生思维的逻辑性，培养其严密的思维能力。这种思维能力可分为两种：一种是定向思维能力，从一定意义上讲，是着眼于思维的深度；另

一种是发散思维能力，是着眼于思维的广度。发散思维能力对创新型人才的培养更为重要，它能使人的视野开阔，可以使人多方面、多角度思考问题，更能体现创造性思维的特点，也是测定创造能力的主要标志。

（2）思维激发的技术类课程。如形象思维课程和创新思维技术课程等。此类课程是培养学生创新思维及能力的辅助手段。形象思维有利于创新的方向性、实用性提示。

（3）与培养创新思维相关的课程。如浪漫型课程，此类课程可以丰富学生的想象力。想象力是原创能力的温床，没有想象就没有创新，没有发展。想象力是对原有意境的突破，敢于突破才能立新，突破本身就是创新的开始。必须提倡科学幻想，很多科学幻想后来都变成现实，这就是很好的经验。

（4）必要的心理学课程。如创造心理学课程，这类课程可以激发学生的创新冲动，同时又能增强学生对失败的承受能力。缺少对失败的承受能力，是不可能在创新的道路上持之以恒的。坚强的品格、顽强的意志和稳定的心态是成功的底气。

四、科学组建教师团队是培养创新人才的核心

教师是学校教学质量高低的决定性因素。民办高校的教师队伍从总体上是无法和公办院校相比的，这是必须承认的基本事实。但是，总体实力弱，不等于没有某方面的强项。民办高校应当考虑怎样科学地组建教师队伍，从某些专业和某些特色上有所突破。

在民办高校教师大队伍中组建一支独特的、创新能力强的小队伍是完全可以办到的。在队伍尚未组建时，一定要找到某方面特别突出、有开拓新领域能力的学科带头人，并委以重任。如果没有创新的领军人物，就不能组成一个团队，创新教育和创新人才的培养也永远只能是一句空话，或只能停留在一般性的、低水平的、没有实质性突破的常规教育上，不可能形成真正意义上的创新教育。真正创新教育、创新人才的培养必须体现在思想创新、理论创新、行为创新和成果创新之上。对于民办高校来说，不可能吸引大批的创新人才，但是通过努力，争取一些这样的人才还是可以做到的。这需要识人的眼光、勇气和用人的决心，同时也需要有巨大的付出。浙江树人大学在这方面就是一个很好的典范，该校引进郑杰昌教授，并确定其为该校国际经济与贸易学科负责人[2]。他客观冷静地分析了经济

社会的发展态势，得出了服务经济是未来中国发展的重点。他及时地把服务业作为国贸学科的研究方向，第一时间抢占了我国服务经济研究的前沿阵地和制高点，使该项研究一直走在全国高校的前列。这一成就使郑教授成为国家“十二五”服务贸易发展规划的专家组组长，直接参与了国家和政府重大规划的制订工作，他被誉为中国服务经济研究的拓荒者，中国服务业培训的第一人。该校依托以郑教授为首的中国服务研究中心组建了国内第一所现代服务业学院，2009 年被评为首批国家现代服务业人才培训基地，2010 年该校国际经济与贸易专业被评为国家级特色专业。因此，具备成批培养新型人才的能力，开创了创新人才培养的一片新天地。

学科的发展，学科的创新，必须要有一个好的带头人。他们是创新的灵魂，是学科的学术领袖和精神领袖，其职位和作用是不可替代的。教师队伍的建设，必须以选拔、培养、引进学科领袖为核心，并以此形成一个团队，从而成为教师队伍的骨干力量。培养创新人才，首先要有创新能力强的教师队伍。因此发现、培养、引进具有创新能力的教师，应成为教师队伍建设的核心任务和头等大事。

五、创建全新的管理模式是培养创新人才的重要因素

民办院校的学生管理，必须为实现培养目标服务。对学生的具体管理，可建立两种完全不同的格局，即严格与宽松并存的格局。

学校作为教育机关，应对学生进行严格管理，执行统一而严明的纪律，规范学生的学习与生活，这是普遍要求，也是必须达到的要求。严格管理并不排斥必要的宽松，对于培养创新人才而言，宽松的环境尤其重要，甚至是首要条件。没有思想上、生活上、时间上的宽松环境，就不可能启发创新思维、创新冲动和创新实践，自由度是必不可少的。因此，对有创新思想和创新愿望的学生的管理，必须采取全新的管理格局。

第一，时间安排上，增加时间的自由支配量，考勤可以放宽要求，使之获得更充裕的自主安排时间，灵活机动的运用时间。

第二，课程选择上，增大自主选择的成分，以满足学生的需要与兴趣。

第三，成绩评定上，不一定拘泥于学多少课程，得多少分数，应着眼于学生创新思维的形成，创新能力的提高，要特别重视是否有一定的创新成果。只要有一项创新成果，就应该充分肯定。一项创新成果，远胜于多个 100 分。

第四，生活管理上，实行优化组合与高质量服务。一是可把具有创新思维的学生集中住宿，打破原有的教学系班建制，不同专业的学生住在一起，有利于不同思想的碰撞，容易产生新的思想火花，有利于相互启发、取长补短。二是有条件的学校，或创造条件给他们住单间或双人间，可减少干扰与不利影响，更利于他们自由支配时间。这需要一定的代价，但很值得。三是改善服务水平，提供高质量的生活条件，给予更多的方便，如提供洗衣机之类的服务，以增加他们的有效时间。四是向这些学生提供一切可能做到的旨在利于创新能力提高的其他服务。

第五，配备导师，即给这些学生配备业务、思想、技能上的指导老师。

第六，定期或不定期举办创新“沙龙”活动。举办创新“沙龙”活动的目的在于启动、发展、强化学生的创新思维，提高创新能力。允许学生挑战权威，引导、启发和支持树立新思维和新观念，鼓励突发奇想，放任异想天开，在突发奇想和异想天开的想象中往往蕴藏着创造性的元素。可以多开展一些有利于发挥丰富想象力的活动，幻想常常是发明创造的先行和前奏。

六、营造适宜的学习环境是培养创新人才的必备条件

什么样的土壤培育什么样的农作物，什么样的环境造就什么样的人才。环境影响人、造就人，良好的环境往往是成就人才的重要条件。培养创新型人才一定要有浓烈的创新氛围，要有鼓励学生奋发向上的动力，要有引发学生立志创新的冲动，它必须是一个充满活力的环境。创造这种环境，需要付出艰苦努力，大力投入相应资源，关键要做好两件工作：

第一，思想上提高认识。必须从思想上明确，创新是一个国家发展的动因，也是学校发展的强大动力，还是学生成长成才的方向标。个人成才、学校发展和国家进步三者之间有着紧密的联系，这种一致性就是建设创新型国家的思想基础。认识提高了，就有动力、有办法，通过不懈的努力学习就一定会有效果。因此，要把培养创新人才作为学校教育的指导思想，学校的一切工作都要围绕这个中心进行。

第二，行动上树立育人的共同目标。首先对于学生的教学、管理、服务等各项工作，要突出创新的内容，积极宣传创新的重大意义，切实为创新做好各项实际服务工作。使创新教育真正进课堂，入学生的头脑，在学生思想上扎根。其次，营造创新的校园文化氛围，组织学生创新团体，创

办相关刊物或宣传栏，请相关人员举办讲座。关键是学校要组建一支具有创新意识和创新能力的精干的教师队伍，实行导师制培养，对积极工作、卓有成效的导师在精神上给以表彰、物质上给以奖励、生活上给以照顾，真正形成以创新为荣的氛围。再次，对于创新教育，学校一定要舍得投入，具备创新教育必要的物质基础，使创新教育活动有一定的实训条件。无锡职业技术学院在这方面有成功的经验，他们花了几百万元购买了一套柔性制造系统，它既能用于生产，又可形象教学。为了让学生能与科技前沿接轨，他们加大了实验室建设，引进的先进设备达 1.2 亿元。[3] 最后，创新教育是一个系统工程，当然有一线二线之分，不在一线的员工要有为一线服务的自觉性，不仅从思想上，还要从行动上积极为一线服务，建立一个在各自岗位上自觉为培育创新人才奉献自己所能的育人环境。

七、科学的评价机制是培养创新人才的关键

构建创新型人才培养的评价机制可以设定为两个方面，即对创新教育和结果的评价。

（一）对创新型人才教育的评价

对创新型人才教育的评价可从三个方面进行：

1. 对创新思想培养的评价

创新思想培养是成就创新人才的基础。创新思想教育应针对全体学生进行，并且要求学生树立起不同程度的创新意识。因此，我们亦可把这个基础性的教育称为创新教育。目的是让所有学生明确创新的重要性，所有人都有创新的可能。要把这种教育内化为学生的创新意识，开启学生的创新潜能，引发学生的创新冲动。所以，培养创新思想是创新型人才培养评价机制的基础内容或者首要项目。

2. 对创新冲动的可行性评价

这是创新教育的第二层次。它的培养面相对较小，它必须以具有创新冲动的学生为基础。要善于发现这些学生，然后组织起来，分析、协调他们的创新冲动，保护其创新积极性。这种保护必须讲究科学性，就是在收集学生创新冲动的基础上，进行可行性分析。首先进行认知的分析，找出理论依据；其次，进行可行性评价，即有无实现的可能，是否具备实现的条件。一定要避免盲目性和纯粹的幻想性。只有通过可行性分析，才有可

能进入实质性的创新活动，才有机会取得创新成果。最后，根据实际情况，确定是否立项。

3. 对积极开展具体创新实践的评价

经过创新活动可行性论证后给予立项，积极组织进入实质性的操作阶段：第一，确定课题的执行负责人（可以是个人，也可以是团队）；第二，配备指导教师；第三，根据可能提供相应的实施条件；第四，进入创新实践阶段。

（二）对结果的评价

创新结果无非是三种形态：一是理论形态，二是符号形态，三是实物形态。对于不同形态的结果，应有不同的评价要求。一般应遵循以下几个原则：创造性、先进性、新颖性、实用性、环保节能性、推广价值性等。

评价的目的在于肯定创新精神，表彰创新人员，推广创新成果。最根本的目的是使创新成为民办高校教育发展的持续动力，使创新教育更好地为当地的社会经济发展服务。

参考文献

［1］山东英才学院［EB/OL］. http：//www. ycxy. com/cn/index. html.
［2］浙江树人大学［EB/OL］. http：//www. zjsru. cn/news/sdgk/xxjj/.
［3］苏雁，李锦．将创新型人才培育融入区域发展［N］. 光明日报，2012－05－18.

民办高校特色文献资源数据库建设探讨

戴建新

摘　要　特色资源数据库便捷地实现了学科资源集中化，有利于提高信息资源的获取效率，推动高校教学和科研的发展。本文以基于 DIPS 平台建设民办高等教育特色资源数据库为例，探讨和总结如何建设特色文献资源数据库，对民办高校特色资源数据库建设具有重要的借鉴作用。

关键词　民办高校；特色数据库；文献资源

近年来，民办高校政策的变化以及国内体制改革的不断深化，为民办高等教育的发展带来了新的机遇和挑战，尤其是对人才培养提出了新的要求。教育部《普通高等学校图书馆规程（修订）》把图书馆确定为两个意义上的信息化建设基地，不仅把图书馆局限在高校内部，而且更突出了图书馆在社会信息化中的地位和作用。同时，把图书馆的建设与发展水平提高到衡量学校总体发展水平的高度上。这样，既反映出图书馆在高校发展中所处的重要地位，也反映出社会发展对高校图书馆提出了新的要求。民办高校图书馆应该建设成为高起点、高标准，并以规范化、现代化的管理模式，面向培养高素质的应用型、创新型、复合型人才，构建与学校建设和发展相适应的、为教育教学和科研服务的、让读者满意的特色馆藏资源和服务体系。

随着图书馆各种类型的数字化文献资源的不断增加，数字资源也渐趋多样化。一方面，结构不同、来源不同、提供方式不同的各类数字化文献资源给数字资源的使用、资源的整合、统一管理和访问服务带来诸多困难；另一方面，民办高校普遍存在经费紧缺问题，无力购买大量的数字化资源。因此，如何将多样化的异构资源整合成一个有机的整体，建立民办高等教育特色文献数据库，解决民办高等教育研究中日益突出的信息孤岛现象，为民办高等教育研究提供良好的信息服务，推进民办高等教育事业的发展具有重要的实用价值。

一、民办高校图书馆特色文献资源数据库建设的必要性

民办高校图书馆作为高校办学的重要支柱之一，承担着为高校的教学和科研等服务的重要任务，但与公立高校图书馆有着不同的特点。公办高校图书馆一般都具有较长的历史，馆藏资源雄厚，在藏书数量、藏书结构、藏书服务等方面都已形成体系，具有比较突出的馆藏特色。而民办高校图书馆面临着很多问题，如建校时间较短，缺少丰富的资源积累，又没有足够的经费全面充实馆藏资源；再加上评估等原因，急于在数量上达到上级要求的标准，不得不大量购买特价图书，造成了内容繁杂、质量不高，有的图书内容老化过时，几乎没有阅读价值等现象；加之民办高校的学生信息素质较低，藏书利用率不高；还有现代化、数字化图书馆建设较晚，对电子资源的利用非常有限等。

目前，绝大部分民办高校在办学上具有较强的市场价值取向，力求适应社会需要，面向市场办学，把人才培养目标定位于打造高素质的应用型、创新型、复合型人才。强调实践应用能力与理论教学有机结合、专业教育与普通教育有机结合。有的民办高校为了更好地培养学生的兴趣和特长，营造了一个让学生发展个性的空间，一方面探索国际化办学模式，与国内外高校开展纵向、横向合作，逐步建立一种新型教学管理机制。如广东培正学院作为独立的民办高校，多年来坚持走民办高等教育与国际接轨之路，积极推进合作办学，引进国外优秀教师来校任教，已形成了开放式的国际化教学管理模式。另一方面，集中整合校内外优质资源，在专业设置、学科建设、人才培养等方面形成鲜明的特色。因此，结合民办高校的特点，加强民办高校图书馆特色文献资源建设，保障信息资源服务就显得尤为迫切和重要。高校图书馆特色文献资源建设属于图书馆资源建设中一项重要的任务，它不但有助于高校图书馆的竞争力及其核心价值的提升，还有利于更好地保存人类文化遗产，尤其是在当前信息环境和高校文献资源快速发展的背景下，建设特色文献资源更为重要和必要。

（一）应对信息普及化的需要

在信息技术迅猛发展的环境下，信息内容丰富且获取渠道日益多元，这使得作为传统的信息集散地的图书馆的主导地位受到严峻挑战，许多传

统的纸质载体逐步被电子信息载体替代，信息化给图书馆带来的挑战已不容置疑。面对挑战，图书馆应该积极应对，而特色文献资源建设正是高校图书馆获得发展的又一契机。

（二）民办高校教学科研的需要

在教育发展中，由于科研作为教学内容的深入和社会服务理论的基础，其作用在知识经济时代越来越重要，这也正是我国高校越来越重视和加强培养与提升科研水平的一个重要原因。而高校科研水平的提升对图书馆在资源服务水平的提高上也有较大帮助，其中图书馆的特色文献资源建设正是顺应高校科研、教学乃至社会服务的需要而建立的。

（三）高校图书馆自身发展的需要

高校图书馆在发展过程中受到的挑战不仅有来自外部的挑战，自身也存在诸多问题，资源建设方面主要表现在资源建设缺乏长期规划、随意性比较大等问题上。这些势必影响高校图书馆学术服务的全面性和深入性，其结果不但使图书馆在读者心目中的形象受损，而且还降低了读者对图书馆学术资源服务的依赖程度。试想，若图书馆拥有读者、科研者必需的特色文献资源，何愁缺乏读者光顾呢？目前，民办高校林立，但基于其在培养目标、学科建设、办学定位等方面差异的日益显现，这也使其资源建设更要突出其特点。而高校图书馆作为科研与教学发展的辅助部门，理应在文献资源建设中发挥其作用，凸显创新特色。

（四）地方文化和经济建设的需要

特色文献资源数据库因将网络作为管理和服务的平台，建立了完备的检索系统，在提高用户满意率、实现地方文献资源共享、发挥地方文献资源更大的社会效益及更好地服务于地方文化发展和社会经济建设等方面，均具有积极的理论意义和重要的现实意义。

图书馆是文献知识的宝库，所藏文献只有通过读者阅读才能将其潜在价值转化为现实价值。在信息时代，更需要经过深层次加工、整理、分析、研究而形成的含有新知识的信息资源来指导我们的科学研究和社会实践。民办高校图书馆加强特色文献资源数据库建设，优化数字图书馆资源的配置，可以切实为教师和学生的学术活动和科学研究提供帮助。

二、适时构建民办高校特色文献资源馆藏

一般而言，“特色文献资源”必定是基于其资源的唯一性或特殊性而有别于其他资源和普通的图书文献资源，可以说“唯一性”与“特殊性”是特色文献资源的基本点。而“特色文献资源建设”作为一种活动一定要体现在其创新上，这种创新可以依据一些稀有的文献资源建立一种特色文献资源库。然而，特色文献资源的定义无限外延，实践中把一些非特色文献资源当作特色文献资源，这在一定程度上也削弱了特色文献资源在读者心目中的形象。

基于对特色文献资源基本特点的认识，高校特色文献资源建设本应该是一种创新活动，然而由于各种原因的存在，目前不少图书馆在特色文献资源建设中仍避免不了重复建设的弊病。主要表现在建设上各自为政、条块分割，导致建成的数据库结构单一、规模小、专业面狭窄。没有完整标准规范，存在缺乏统一规划、盲目建设、开发软件应用混乱、数据无法共享等诸多问题。民办高校、公立高校和公共图书馆之间在特色文献资源建设中缺乏协调，资源发展很不平衡，有的发展缓慢，有的目标定位不够有特色，人力资源建设也还有待加强，特色文献资源的服务还需要与时俱进。这些问题的存在都是民办高校图书馆在特色文献资源建设中必须认真面对的。

民办高校图书馆特色文献资源数据库还存在标引不规范的问题。同一个数据库的文献信息，有的用关键词或任意词标引，有的用主题词标引，这造成文献信息漏检、误检，效率不高。还存在格式不规范的问题，有些数据库没有按照 CALIS 特色库子项目描述元数据规范及相关规则处理。任何数据库的建立都应该以最大限度地被用户利用为出发点，并以满足了多少用户的需要作为衡量其质量的重要标准。目前，特色数据库的这一功能在建设过程中往往被忽视。现有的特色文献资源数据库信息少、残缺不全，有些甚至打不开，很多特色数据库内容脱离了民办高校的性质、社会责任、用户需求、服务对象。某些图书馆对数据库的使用进行了 IP 限制，只供校内用户使用，违背了建设特色文献资源数据库的初衷，既不能扩大社会效益，也不能获取经济效益。

民办高校以培养应用型、创新型、复合型人才为目标，强调培养的人才能尽快尽早地适应社会需要。当今社会为知识经济时代，较为突出的特

点是信息技术广泛应用、信息市场竞争力极强。学校的建设和发展，必须要有自己的特色，有特色才有优势，才能创出品牌，才能在竞争中处于领先地位。学校的特色可以体现在诸多方面，如办学特色、管理特色、专业设置特色等。图书馆的资源建设必须依从于学校的特色化建设和发展，紧紧围绕学校发展的战略目标，打造以学校特色为核心的文献信息平台，建立自己的特色馆藏。民办高校图书馆要想在这一时代立于不败之地，就应该从实际出发，改进馆藏结构，由传统收藏图书、期刊等“印刷型”文献，向多类型、多载体出版物并存的“网络型”结构模式转变，要有自己的藏书特色和服务特色。

1. 从实际出发，量力而行

图书馆的文献资源建设工作必须紧紧围绕学校的人才培养目标开展，结合本校的办学层次、办学规模、发展目标、专业设置、重点学科建设的需要来精选文献资源。特色文献资源建设是集采访、分类、编目和典藏等程序为一体的系统工程，同时特色文献资源的建设也需要一定人力、物力与财力的支持，建设成功的特色文献资源可以提升图书馆的服务层次。但是，民办高校图书馆建设特色文献资源的规划往往受到诸多方面的限制，其人力、财力、资源基础等都不能与公办大学，尤其是重点大学相比。因此，民办高校图书馆要根据本地区的经济与文化优势以及藏书基础、读者需要进行特色化建设，同时也要根据所在高校的学科设置、培养目标、人才培养的辐射范围、文献资源获取的难易等情况，有目标、有计划地进行建设。

2. 差异化原则

特色文献资源之所以有“特色”，是因为其文献资源具有区别于其他资源的特点，或者说特色文献资源的建设必须具有差异化才有意义。而这种建设需要了解其他民办高校、公立院校和公共图书馆的特色文献，建设别馆所未建的，不搞重复建设，要有所创新。

3. 完整性、系统性原则

由于特色文献资源建设需要投入大量的人力物力，这就要求民办高校图书馆在量力而行的前提下，选择本馆能够做的特色文献资源进行建设，在建设过程中对分散的特色文献资源进行有序化、系统化整理，乃至深层次挖掘、收藏和保存利用这些特色文献资源。在我国高等教育文献保障系统（CALIS）的专题特色数据库子项目建设后，该系统为高校特色文献资源建设提供了一个信息交流平台，也必将为高校特色文献资源建设系统化带来契机。

4. 可持续性原则

作为一项系统化资源建设工程，特色文献资源建设不但需要各级部门给予大力支持，而且更要不断补充特色馆藏、更新资源，以确保建设及服务的长期性和稳定性，特色文献资源也只有成为一个不断生长的有机体才有其生命力。

三、民办高校特色文献资源数据库建库的原则

围绕民办高等教育研究的实际应用需求，把应用、开发和研究三者紧密结合。重视原始信息的利用和管理，加强信息资源的重组导航和集成整合，通过现代信息技术，使数据库的局部建设与整体规划有机结合，更好地发挥规模效益和整体优势的建设原则，建设特色专题数据库。具体措施体现在以下几个方面：

（一）注意科学性，实现规范化和标准化

规范化和标准化是专题数据库建设成功与否的标志，它直接影响数据库的使用效果。数据库的建设应遵循相应的国际、国内业界标准，采用统一软件平台、统一标引规范、统一收割数据等管理规范和技术手段。如CALIS的标准，采用标准的元数据标准、中文核心元数据标准和 MARC 数据格式，符合中国信息资源建设的规范与标准，使资源大范围的共建共享成为可能，为特色资源的共建、共享创造条件，更好地为高校、为社会服务。

（二）注重实用性

特色资源项目的选择注重面向教学科研和社会经济发展的实际需要，从申请单位文献资源的比较优势、特色及原有的工作基础和技术力量、技术水平等情况出发，既重视资源数字化过程中文献信息资源的系统完整和各类信息资源之间的相互联系，同时也从读者使用、读者数量和资源质量的角度，优先保障重点学科，兼顾普通学科，从逐步完善学科覆盖面的思路出发，最终形成合理的信息资源建设体系。同时结合人员、资源、技术的实际情况，根据需求采取量力而行的方案与举措。收集和揭示信息要具有一定的深度和精度，数据库的功能在于检索和利用，数据库检索方式应灵活多样，要根据文献信息的内容及形式，选择最能反映其特征、最有可

能被选用的检索途径，设置有效的检索点与检索方法，以保证存储到数据库中的信息能快速查询。总之，要面向需求、面向读者、面向现实、方便使用。

（三）体现针对性

针对专题数据库服务对象对专题文献的需要和利用情况，开辟文献信息资源，扩大文献收集范围，及时做好数据补充和更新工作。

（四）先进性

先进性不仅是效率的保证，更是长期投资的保障。数据库首先要内容新颖、功能突出。数据库内容能够满足特定信息需求，丰富多样、覆盖面广，并有一定深度，足以反映学科前沿、水平和热点。信息数据可检索性强，能适应脱机、联机和网络检索，直接获取文献。其次要技术先进。采用先进的国际元数据标准和 XML 技术，对数字资源进行收集、加工、整理，达到统一规划与管理。支持对文献资源、光盘资源、音视频、各种数据库资源的加工、管理及利用，从多角度、全面地揭示资源。对有价值的图像、文本、语音、影像、影视、软件和科学数据等多媒体信息进行搜集，组织规范性的加工，进行高质量的保存和管理。

（五）开放性

开放性是资源共建共享的基础和首要条件。它既要保证资源的共享，得到授权的用户在任何时间任何地点通过网络可得到各种服务，又要保证资源的统一，各个资源建设单位必须服从整体协议。

（六）安全性

目前的网络环境和信息技术还存在诸多不安全的因素，给信息组织和资源存储带来一系列的隐患。图书馆在数字资源建设时，要对大量的数字资源进行加工、存储、发布和管理，并通过网络为众多的终端用户提供各种信息服务，因此系统的安全性十分重要。在建设过程中既要选择技术成熟、性能安全可靠的信息存储设备，又要采用技术先进的网络管理系统，确保网络系统的安全性和数据的可靠性。通过对数字资源访问权限管理，用户访问权限设置，网络访问地址限制，加工、管理权限设置，确保内部数据的安全性和保密性。

（七）兼容性

新建数据库不但能与已有的数据库系统兼容，具备强大的扩充性和升级能力，而且能实现跨库检索、跨网站检索。

（八）开放接口

提供具有开放性的接口，具备扩展性和可移植性。可以方便地根据项目具体需求进行二次开发，满足个性化的需求，或实现应用集成和相互操作。

四、数据库规划和建设方案

（一）数据库系统开发平台和硬件系统的确定

特色数据库的建设过程是通过软硬件平台实现的，其中软件平台一般指的是各种数据资源平台。常见的数据资源平台有清华同方的 TPI 系统、北大方正的德赛（DESI）系统、北京拓尔思的 TRS 平台、中国数图公司的 DIPS 系统等。这些系统均可以完成数据加工、管理、发布等工作，又具有各自的特色功能。我院数据库建设系统平台选用“DIPS 高校特色资源库建设与发布系统”。DIPS 系统是一套以全文检索技术为基础，以互联网内容管理为核心，集资源数字化加工、数字内容管理、信息情报发布检索于一体的互联网内容建设基础平台软件。它能够满足大容量数据及多并发用户的要求，是新一代有关文档影像的数字化加工、存储和全文检索的信息管理支撑平台。使用 DIPS 及其相应的辅助工具，可以将图书馆及文献机构中已有的各种海量信息资源，快速构建成基于互联网的信息资源库，并对这些资源进行统一管理和维护。利用 DIPS 提供的强大的全文检索技术，为使用者提供简便、快捷、准确的信息服务。同时可以利用 DIPS 提供的收费管理功能，向社会提供有偿的特色信息服务，让信息资源发挥更大的应用价值。

数据库硬件系统由服务端和客户端两部分组成，服务端由一台服务器、一台磁盘阵列和几台管理录入计算机组成。服务器用于数据库的索引库和全文数据库，负责数据的管理和发布，提供按照字段查询、全文检索服务、Web 服务和资源共享服务。磁盘阵列主要存放论文、电子图书、图片、视频等数字资源。管理录入计算机用于收集、加工数据和数据入库，如数字化处理、标引分类和相关管理。

服务器配置要求为：P4 以上 CPU，内存不少于 512MB，一个可用空间足够大的独立硬盘或分区。操作系统可使用的对换空间最好在 100MB 以上，局域网连接设备。DIPS 系统的软件运行环境要求并不高，当前主流的服务器以及计算机足以符合要求。通过对初期计划的资源存储情况调查，结合未来数据扩充的需要，选择了 HP ProLiant DL388 G7 服务器和 HP MSA 2012 磁盘阵列，MSA 2012 放置有 12 个 1TB 的 HP SATA 硬盘，为确保数据安全，建立了 RAID6 阵列。[1]

在局域网上，通过安装 PDF 文档阅读工具、DIPS 文档阅读工具和其他多媒体播放器工具等，可以对数据库的所有数据进行浏览检索。

（二）数据库系统设计及实现

1. 确定子库及字段

按照 Calis 数据库的建库标准和“民办高等教育文献资料数据库”的结构模块，创建了 14 个子库，包括民校概况、民校图库、办学规模、专业概况、专家学者、期刊论文、学位论文、图书著作、国外政策法规、国内政策法规、师资力量、招生就业、科研成果、文献保障。再根据每个子库的特点定义各库的字段，从而完成数据库字段的设定工作。

2. 获取和收集数据

数据的收集是数据库建设过程中十分重要的环节。为了保证收集信息的权威性和完整性，要特别注意以下几方面：① 确定合理的收集范围，包括时限范围、文种范围、地域范围、学科范围等；②确定信息源的种类，包括期刊、图书、专利文献、学位论文、论文集、报告及网络信息等；③确定收录信息的形式，包括文字、图片、表格、音乐、动画及其他多媒体信息；④确定获取信息的途径。纸质文献获取资料的途径包括：期刊目录、综合性书目、著作目录、民办高等教育研究论文索引、论文集、资料汇编、学报和一些综合性普通教育期刊常设的高等教育专栏或固定栏目。电子文献获取途径包括：本馆已购买的电子数据库、互联网上主要民办教育文献信息源的网址、利用搜索引擎进行信息检索、利用专门教育文献数据库检索、登录各民办高校网站及其图书馆网站等。

3. 数据加工及入库

DIPS 系统数据加工子系统采用 C/S 结构，一个或多个客户端用户能够独立或协同完成纸质资源的数字化加工。为了避免数据加工混乱，按照模块进行任务分配，即每个人员负责一个或几个模块，完成对象数据加工和元数据加工，对各种已有的电子资源（如PDF、DOC、HTML等格式化文本，TXT纯文本，MARC数据，ODBC关系型数据，MP3、MPG、WMA、WMV、SWF、RM等多媒体数据，JPEG、BMP、TIF等图像数据，各种资料光盘数据及其他自定义格式等）进行批量处理、转换和导入，获取系统原始数据，再经过数据审核、装订、校对、标引等深加工处理，形成数据库的入库文件，最后形成数据库的源数据。数据入库时采用“SQL转Dips批量装订工具”，将加工好的数据批量入库。[2]

4. 数据库网页设计与资源发布

DIPS网络发布与管理子系统采用B/S结构，通过标准IE浏览，完成DIPS数据库的网上发布、检索和应用服务。网络发布与管理系统遵循相关国内外标准、CALIS标准规范。如XML语言编写发布界面、CALIS特色库本地网站基本服务规范、网站功能元素服务规范等。网页提供包括栏目检索、全文检索、二次检索和跨库检索等多种多样的检索方法，满足访问者“快而准”地查找所需信息和资源的要求，方便用户操作。

不过，在数据库的建设过程中必须严把质量关，及时修正错误数据，确保数据的准确性、完整性和权威性。标准化是数据库建设的生命，是建设高质量特色数据库的根本保证。数据库建设应遵循相应的国际、国内业界标准。它不仅保证了数据库的可靠性、系统性、连续性、完整性和兼容性，而且有利于实现真正意义上的网络信息资源共享。[3]然而，数据库的内容是动态的，数据要及时更新，保持数据的新颖性和有效性。由于应用环境的不断变化，数据库运行过程中物理存储会不断变化。因此，对数据库进行评价、调整、修改等维护工作是一个长期的任务，要保证和提高数据库系统运行的可靠性、安全性、协调性和运行效率。同时数据库的建设又是一项系统工程，知识产权保护是其核心内容之一。知识产权保护贯穿于数字资源加工、组织、管理、传播和使用的各个环节。在收集资料时应严格遵守有关法律法规，充分尊重并保护原作者的相关权利，高度重视知识产权，在法律及协议许可范围内使用相关资源。

高素质人才队伍是建设特色数据库的核心和关键，特色数据库建设不仅需要图书馆专业人才，也需要计算机专业人才以及与数据库学科相关的专业技术人才。因此，要想建设高水平的特色数据库，必须有一支专业配置合理的人才队伍。标准化和规范化是数据库建设的生命，是建设高质量特色数据库的根本。它不仅保证了可靠性、系统性、连续性、完整性、兼容性，而且有利于实现真正意义上的网络信息资源共享。因此，民办高校图书馆要依据 CALIS 提供的一系列标准：软硬件平台、文献著录标准、元数据标引格式规范、检索功能等要求来建库，以便今后全国各高校实现资源共建共享的目标。[4]应用电子商务模式，引入市场营销理念是管理现代化图书馆的唯一选择。在物质和信息极为丰富的今天，图书馆人需要的是观念的创新，借鉴电子商务的各种营销手段，对特色数据库进行宣传，以使更多的用户了解和利用它们，使特色文献资源发挥应有的社会效益和经济效益。

特色文献资源数据库建设是高校图书馆信息化、数字化、网络化建设的一项重要的基础性工作，也是一项难度大、投入多、需要深入而持续研究的复杂系统工程。[5]民办高校图书馆在馆藏建设过程中要根据自身的性质、任务、学科设置、科研方向等来确定资源建设的重点和方向，从而形成自己的核心学科结构体系和馆藏资源特色。特色文献资源数据库的建设使得各馆的特色资源为本区域范围的资源统一共建共享打下基础，从而盘活了资源的存量，共享了资源的增量，根据用户需求动态，有效、智能地聚合各种资源，提高了资源的共享率、利用率、保障率。[6]建设特色文献资源数据库促使图书馆深层次、大范围开发文献资源，将自身具有的特色文献资源与区域内用户的特定需求很好地结合起来，为读者提供了更广范围的特色信息资源，推动了图书馆建设从资源组织到资源服务上的转变，为实现大读者观、大信息观、大图书馆起到了强有力的推动与促进作用。

参考文献

[1] 赵永强，曹欢增，冯军．高校图书馆特色数据库建设流程的研究——以基于 DESi 平台的制盐特色数据库为例［J］．电脑知识与技术，2011（3）：1477～1480.

[2] 陈晓．基于 DIPS 的高校图书馆特色数据库建设［J］．情报探索，2008（7）：50～51.

[3] 代根兴，吴旭．高等教育教学成果相关文献数据库建设研究［J］．情报科学，2003（11）：1201～1203.

[4] 李三凤．论高校图书馆特色数据库的建设［J］．科技情报开发与经济，2005（5）：41.

[5] 孔辉．新形势下高校图书馆特色文献资源建设探析［J］．大理学院学报，2012（1）：62～64.

[6] 丁祖荣，刘翔．浙江省高校特色文献数据库建设与管理机制探析［J］．浙江高校图书情报工作，2010（6）：21～25.

高校辅导员职业发展的困惑与对策
——兼论民办高校深化改革举措

杨爱美

摘　要　作为开展大学生思想政治教育的骨干力量，辅导员担负着大学生成长与成才的重任。如何使这支队伍实现职业化可持续发展，对大学生思想政治教育工作有着重要的现实意义。鉴于辅导员在职业发展中遇到的困惑，如何保障相应制度机制的完善以期能帮助辅导员实现职业化的可持续发展，消除职业困惑是决策部门应该关注的问题。

关键词　辅导员；职业发展困惑；职业发展对策

近年来，在宏观层面，国家针对辅导员队伍的发展已经出台了很多文件，对辅导员的身份、工作职责、选聘、队伍建设等都作了明确规定[1]，为高校辅导员职业发展提供了基础保障。然而，目前我国各高校对辅导员队伍建设的重视程度差别很大，随着新时期大学生思想政治教育工作日趋复杂化，高校辅导员的职业压力也越来越大。充分了解辅导员的职业发展特点，找出辅导员职业困惑所在是解决辅导员职业发展问题的关键。

一、高校辅导员职业发展的困惑

职业发展困惑是在职业发展过程中所遇到的困境与疑惑，除了职业现状里的困境，还包含对未来职业发展的担忧。目前，我国高校辅导员的职业发展困惑主要体现在以下几个方面：

（一）角色定位不清晰，职业归属感缺失

2006 年制定的《普通高等学校辅导员队伍建设规定》提出："辅导员是高等学校教师队伍和管理队伍的重要组成部分，具有教师和干部的双重身份。辅导员是开展大学生思想政治教育的骨干力量，是高校学生日常思想政治教育和管理工作的组织者、实施者和指导者。"由此可见，思想政治教

育是辅导员工作的首要职能。然而，在实际工作职能的发挥上，辅导员承担的事务性工作过多，思想教育职能发挥得不够。特别是近些年来，随着高校学生人数的增多和学生事务性工作的扩展，职能部门有关学生的工作和任务，也都集中到辅导员身上去落实。“全员育人”的观念在学校里还没形成，辅导员往往集教育、管理、服务、引导等诸多功能角色于一体，成了“什么事都要干，什么事都可以干”的职位，只要是涉及学生的事情，事无巨细都少不了辅导员的参与。工作内容繁杂琐碎，多重角色的“混搭”使很多辅导员常常疲于奔命而又无所适从，缺乏归属感，以至于产生“我是行政干事还是辅导员”这样的困惑。角色定位不清，在很大程度上弱化了辅导员的工作积极性。

（二）职业前景不明朗，职业认同感缺失

我国高校现行的职业体系一般由三部分组成，即以专业教师为主的教学职位体系、以研究为主的研究职位体系和以管理为主的行政职位体系，每一个系统都有比较稳定和成熟的晋升机制[2]。辅导员具有教师和干部的双重身份，既不完全属于教学和管理，也不属于科研系列，而辅导员的工作和成长却与教学、管理和科研密不可分。目前，多数高校辅导员晋升机制没有单列，辅导员只能参与教师系列专业技术职务的评定或行政管理系列职称评定，看似在职业发展上可以“双线晋升”，但由于辅导员受工作性质限制，不能像教师或管理研究人员一样专心从事教学和科研，在职称评定中往往处于劣势，陷入评定晋升“两头难”的尴尬处境。而在一些民办高校，辅导员的晋升更是没有制度可依。晋升机制的不明确，不利于辅导员的职业发展，也难以形成职业认同感。

（三）工作成就感低，易产生职业倦怠

辅导员工作在大学生思想教育的第一线，直接对学生管理的方方面面负责。由于工作的特殊性，对辅导员的综合素质、工作能力和奉献精神等要求都比较高，对辅导员的工作时间和精力投入要求也与专业教师和专职行政人员有所不同。高校专业教师除上课外，有自由支配时间的权利和空间，可以不受行政管理的束缚；专职行政人员实行“坐班制”按时上下班，8 小时之外基本可以自由支配。而由于学生工作的特殊性，辅导员要像行政人员一样上下班，处理日常管理事务，下班以后还要接着处理学生提出的各种事务，甚至还要利用业余时间走访学生宿舍、参加学生活动，遇到特殊情况需随叫随到，工作随时处在临战状态，事务性工作琐碎繁重，对确保学生安全稳定承担责任重大，却很难像专任教师一样能够取得显性的工作成绩。然而，辅导员待遇、职称和社会地位却普遍低于同龄专任教师。当辅导员在高工作要求下进行高投入，获得的却是相对较低的工作回报时，职业价值和社会地位不能被有效认同，难以在工作中找到成就感，极易产生职业倦怠。

（四）专业化程度较低，职业适应不良

所谓辅导员“专业化”，就是要求辅导员依托思想政治教育学科，运用与辅导员岗位职责相关的教育学、心理学、思想政治教育管理学、哲学、社会学等理论知识与方法形成有效的专门技能，并有针对性、时效性地开展教育管理工作，满足学生成长成才需要。目前，辅导员的专业化程度参差不齐，高校在引进辅导员时主要看重政治素质，对所学专业大多都不做特别要求，很多辅导员不具备与辅导员岗位职责相关的学科专业知识，辅导员岗位也因此被误认为是“没有专业含量的岗位”。[3]部分新入职的辅导员只经过几天的“岗前培训”就加入了辅导员队伍，专业素质与能力方面还与实际工作要求之间存在较大差距。再者由于专业背景与实际工作内容之间存在差距，辅导员在科研和专业发展上缺乏方向，这导致职业适应不良的现象更加普遍。

（五）人员流动频繁，辅导员队伍不稳

角色定位不清晰，职业发展前景不明朗，职业认同感、归属感、成就感缺失，职业适应不良等极易使辅导员产生职业倦怠。因此，辅导员极少有职业化的思想准备，致使辅导员逐渐淡化自己的本职工作意识，甚至把辅导员职业当成“临时岗”、“中转站”，有机会就立即转到其他岗位。因此，造成辅导员岗位人员流动过于频繁，职业寿命大多只在3～4年，甚至更短，辅导员工作甚至被形容为“铁打的校园，流水的辅导员”。特别是在民办高校，学生从入学到毕业换几任辅导员的现象也比较常见。人员的频繁更替严重影响了辅导员队伍的稳定发展，阻碍了辅导员专业化和职业化的进程。

二、推动辅导员职业发展的对策

《中共中央、国务院关于进一步加强和改进大学生思想政治教育的意

见》指出："辅导员、班主任工作在大学生思想政治教育第一线，任务繁重，责任重大，学校要从政治上、工作上、生活上关心他们，在政策和待遇方面给予适当倾斜。"然而，文件精神具体落实到各省市、各高校，结果却不尽如人意。从辅导员发展的整体水平上看，很多高校往往"重使用，轻培养"、"重贡献，轻报酬"。高校应该根据国家政策文件进一步落实优化辅导员职业发展政策环境，并制定配套政策为辅导员的发展保驾护航。

（一）明确辅导员岗位职责

我国的辅导员虽然定位清晰，主要岗位职责是对大学生进行思想政治教育工作，通常称之为"政治辅导员"，但在实际执行中岗位职责并不清晰，需要进一步明确。辅导员承担的往往是末端管理的职能，直接面对学生，除思想政治教育之外还兼具日常事务管理、学生心理辅导、就业指导等职责，工作上与教务、财务、后勤、保卫等部门都有交集，存在交叉管理。因此，我们必须理顺辅导员的工作关系和职责范围，同时改革现行的学生教育管理模式，明确事务性工作的程序和要求，使其清晰简单化，从而提高工作效率，把辅导员从"行政干事"、"办事员"等角色中解放出来，以更多的时间和精力朝职业化目标发展，在业务上迅速成长起来。

（二）构建合理的辅导员考评机制

解决好专业技术职务和晋升的问题是学生辅导员工作职业化发展的根本。高校需要创设条件使辅导员可以与教师一样评聘各级教师职务或可以根据工作表现和业绩考核，在管理职务上晋升行政岗位。[4]考虑到辅导员工作具有特殊性，学校应当积极完善一套与辅导员工作相适应的辅导员专业技术职务聘任体系，对辅导员进行单独考核，落实单独的思想政治教育职称序列，并与教师职称序列相衔接。[5]为解决学生辅导员职称评定时教学工作量不达要求的问题，学校可以革新观念，把日常思想政治教育工作课时化，每周定期召开的班会可按思想政治类公共课来计算课时，班级集体活动可按实训课来计算课时，休息时间和节假日深入学生宿舍进行的交流沟通可以作为课后辅导课，[6]这样一来，可以促使学生辅导员更精心地准备和组织班会及活动，同时也可解决辅导员职称评定中的教学工作量问题。这些激励机制可以使辅导员职业发展有盼头，有利于辅导员安心于本职工作。

（三）健全辅导员职业化培训系统

加强和改进大学生思想政治教育和管理，必须具有一支素质过硬的辅导员队伍。辅导员的职业发展离不开系统专业的培训，学校应当把辅导员职业化培训纳入学校整体师资培训计划，明确辅导员培训要求、经费安排等细则。辅导员培训要适时应变，根据所面临的新学生以及新问题，及时有针对性地为辅导员进行相关知识的培训与指导，为辅导员提供包括沟通技巧、党团建设、心理咨询、职业策划等岗位技能培训，使其能胜任本职工作。同时，加强辅导员职业规划培训、职业素养培训和教学能力培训，组织辅导员进行工作经验交流，以帮助他们明确自己的职业发展道路、积累职业发展素质、胜任日常兼课需求等。通过不断学习和培训，可以帮助辅导员调整工作思路，使其工作能更适合现代学生的特点，并在增强专业知识的同时，树立辅导员的职业化观念。系统的职业化培训，有利于辅导员对自我和工作形成理性认知，有利于辅导员队伍专业素质的提升。

（四）保障辅导员享有与专任教师同等待遇

教育部《意见》提到："高等学校要根据实际，将辅导员、班主任的岗位津贴等纳入学校内部分配系列统筹考虑，确保辅导员、班主任的实际收入与本校专任教师的平均收入水平相当"。提高辅导员的福利待遇，除享受同级岗位津贴之外，可根据辅导员工作的特殊性和劳动强度给予特殊补助，使辅导员的高工作投入与薪酬回报对等。辅导员在各方面的待遇上保证与专任教师一致，获得与他们平等的地位，可以促使辅导员在工作中享有职业成就感，并对辅导员岗位有一个更全面、深入的认识，保障辅导员队伍的稳定。

（五）努力营造校内"全员育人"氛围

学校各部门之间应该协调发展，学校应该让所有的教职员工明白，"育人"是大家共同的职责，而不仅仅是辅导员的事情。在学校，对辅导员的责怪听得最多的是："你看，你的学生又……"，这样"事不关己"的态度违背了学校"全员育人"的原则。学校各岗位的教职人员应当转变态度、增强"服务育人"意识，为全校师生建构起流水式服务的平台。只有真正形成"全员育人"的氛围，服务工作才能落到实处，辅导员的工作也才能走出职业困惑。

（六）辅导员要做好个人职业发展规划

辅导员职业发展离不开良好的制度环境，更离不开辅导员自身的努力。

在良好的制度环境保障下，辅导员要正确认识自我，把握自身的优势与不足，做好职业规划，注重提高自身的政治素养、专业素养和心理素养，为未来职业发展做好准备。辅导员未来的职业发展方向的选择决定了职业准备的内容，如转专业教师需要专业知识、教学能力和科研能力的准备；学生工作专业化需要积累丰富的学生工作经验、研究性开展学生工作和提升思想政治教育理论水平的准备；转行政发展路线则需要熟悉机关工作、做好党政干部所要求的能力上的准备。辅导员只有善于挑战、善于自我激励与调节，并不断地努力创造自我，才能逐步实现职业生涯的顺利发展。

三、民办院校对辅导员职业发展的深化改革举措

民办院校应该切实执行相关的国家政策文件，落实并优化辅导员职业的发展政策环境，除以上推动辅导员职业发展的对策外，针对民办院校自身的特点，还需要从以下方面进行深化改革。

（一）适当提高辅导员聘用标准，从源头提高辅导员队伍素养

目前，大部分民办院校在与公办院校的竞争中，对优秀人才的吸引力往往处于弱势地位，在辅导员的选拔聘用方面也是如此。随着民办高校办学要求和办学质量的不断提高，民办高校辅导员队伍建设也在不断完善。但是，从整体上看，民办高校的辅导员队伍学历水平偏低、人员流动性大、专业不对口等问题依然突出，而且在职的专业辅导员由于缺乏职业身份认同感，向校外流动换岗的现象明显。于是，为了确保日常管理工作稳定有序进行，民办院校在紧急招聘时往往放宽招聘要求，进入工作岗位的应聘人员中多数为非思政专业。虽然影响民办高校辅导员人才素质层次的因素有很多，但是如果辅导员的聘用标准得不到提高，民办高校辅导员人才素质的提升将输在起点。民办高校在选拔聘任时应当充分考虑学校总体目标的实现，除了学历职称等基本要求外，更应该充分考察辅导员是否有实践经验，是否有较强的职业适应能力，是否有较强的身心素质，是否对岗位有强烈的职业认同感等，确保从源头提高辅导员队伍素养。

（二）设立辅导员培养专项经费，激励辅导员自我提高及深造

民办高校辅导员在通过岗前培训入职后，再参加培训的机会往往较少。由于辅导员队伍建设相对于专任教师建设得到的重视较少，大多数民办院

校没有将辅导员职业化培训纳入学校整体师资培训计划，更不可能为辅导员专门制定完整系统的培训计划，很多辅导员在入职后几年才可能有一次外出培训学习的机会。学校要保障辅导员队伍的发展和稳定，着力为他们的自我发展和提升服务就显得尤为重要，民办高校需要制订本校培养规划，为学校的长远发展培养自己的教职员工成长为学校发展的中坚力量，学校不断引进新人只解一时之需，形成一支属于学校本身的稳定的骨干队伍才是民办高校师资队伍建设最根本的出路。为此，学校应当为辅导员培养设立专项经费，激励辅导员自我提高及深造，为他们提供继续教育或外出学习交流的机会，并把每年参与继续教育和培训作为年度考核的必要条件，鼓励辅导员老师在职攻读学位，提升综合能力。

（三）在校内拓展多元化渠道，为辅导员职业发展提供路径

当前，辅导员岗位往往被当成想留在高校工作的大学生职业生涯规划中的“过渡性”岗位，特别是在一些民办院校，职业发展前景的不明晰迫使在职的辅导员只能向外寻求工作机会，向校外流动换岗的现象明显。民办院校师资队伍建设应当尽力培养人才、留住人才，而不是让人才任意流失，然后不断招新。对民办高校来说，应当最大化地利用校内人才资源，在校内为辅导员拓展多元化的发展路径，如为辅导员提供向专任教师转岗的机会、向行政干部转岗的机会、专业化发展的帮助等。同时，要保证渠道畅通，让辅导员在校内有可观的职业前景期望，才能有效防止人才流失，并保障辅导员队伍的稳定以及合理流动性。在辅导员校内职业的选择和发展上，应当多鼓励、多疏通、多帮助，少限制、少堵卡、少淡漠，才能在校内用人机制上灵活处理，最大化地利用好校内人才资源。

（四）鼓励辅导员参与科研立项，把实践经验上升到理论水平

在学生管理工作开展的过程中，民办院校的部分辅导员工作态度消极，平时不看书不看报不学习，积累的只是实际操作层面的工作经验。由于在诸如教育学、心理学、管理学、社会学、伦理学、法学等理论学习方面缺乏主动性，难以发挥管理者在多元文化教育方面的优势。辅导员要将日常的实践经验上升到理论水平，从而更好地反过来指导日常学生教育管理工作，加强理论学习并参与到学校的科研工作中去。民办院校的科研开展相对薄弱，学校应当鼓励辅导员参与科研，积极申报校级或省级课题，提升辅导员队伍的理论水平，更好地适应日新月异的多元化发展。

（五）缩小与公办高校的待遇差，解除辅导员生活的后顾之忧

民办院校人才外流的主要原因之一是待遇差别。特别是学生工作中的辅导员，工作时限远远超出8小时，甚至影响到了下班之后的个人家庭生活，加之薪资水平的不对等，使得辅导员处于工作和生活的双重压力之下。民办院校要努力提高辅导员的待遇，包括薪酬、福利待遇、岗位津贴等。除此之外，还应当在诸如休假时间、安居住房等方面的待遇上保证与专任教师一致，使他们获得平等的地位。同时，要努力缩小教职工待遇与公办高校的差距，解除辅导员生活上的后顾之忧，可以促使他们全力投入工作，保障辅导员队伍的有序发展。

（六）定期举办主题交流援助会，建设阳光型辅导员工作队伍

当前，民办院校高度关注学生的心理健康，却对引导学生心理健康的辅导员队伍关注不够，缺乏对他们的职业引导援助。辅导员在接受岗前培训后走上工作岗位，在日常的工作事务中，较少有主题交流和自我调适的机会，在对职业认同感缺乏的情况下，也难以获得上级部门的人文关怀。当繁琐的事务工作以及工作中遇到的难题累积到超越心理或生理承受范围时，及时的职业压力疏导就显得极其重要。民办院校应当关注辅导员的健康发展，定期举办主题交流援助沙龙，为他们工作中遇到的困难提供建议和帮助，并提供心理疏导和咨询，做好辅导员的职业压力疏导，引导辅导员队伍成长为积极、健康、阳光型工作队伍，以更好地为学生工作服务。

高等院校学生的辅导员职业化发展，有利于促进辅导员整体素质的提高，有利于辅导员社会地位和学术地位的提升，有利于辅导员队伍稳定发展，有利于增强高校德育工作的实效性。而实现辅导员职业化，有赖于学校管理观念的更新、领导的高度重视，有赖于清晰的职业发展前景。只有不断调整完善相关制度，为辅导员职业发展创设良好环境，使辅导员的职业发展有更多值得期待的前景，才能充分激发辅导员的工作热情，实现辅导员队伍的可持续发展。

参考文献

[1] 张芳芳．高校辅导员职业困境与职业发展策略研究［J］．职业技术教育，2011（17）：70～72.

[2] 刘海春．高校辅导员职业生涯发展教程［M］．北京：人民出版社，2009．60～61.

[3] 赵欣. 高职院校辅导员职业发展困境及激励机制探讨 [J]. 新疆职业教育研究, 2012 (2): 50 ~ 53.

[4] 李韶杰, 晏志勇. 高校政治辅导员的职业发展困境及对策探析 [J]. 理论导报, 2011 (7): 52 ~ 53.

[5] 张慈, 许滢, 邸建勇. 高校辅导员队伍的职业化与专业化建设 [J]. 科学大众, 2010 (1): 134.

[6] 陈小燕. 关于高等院校学生辅导员职业发展前景的构想 [J]. 科技创新导报, 2011 (5): 232.

课程建设

民办高校体育课程“双项目模式”实践探索

谢冬兴

摘　要　基于“项群理论”，对“双项目”课程模式进行实验与分析，改变传统体育课教学课堂只进行一个运动项目教学的状况，扩大了学生“三自主”选课空间，增强了学生、教师之间的多元互动。教学实验表明：“双项目”课程模式有利于学生技术学习，有利于激发学生课堂参与和课外锻炼的积极性。“双项目”课程模式坚持以学生主体、教师主导为指导思想，使学生成为教学的最大受益者，真正实现“1+1>2”的效果。

关键词　项群理论；高校体育；双项目；*T* 检验

《全国普通高等学校体育课程教学指导纲要》对高校体育课程结构明确要求：充分发挥学生的主体作用和教师的主导作用，倡导开放式、探究式教学，拓展体育课程的时间和空间；在教师的指导下，学生应具有自主选择课程内容、自主选择任课教师、自主选择上课时间的自由度，营造活泼、主动的学习氛围。[1]当前，高校公共体育课一般设为每周一次课（80~90分钟），每学期初，学生通过现场或者网络平台进行课程项目选择。所以，体育课又称为体育选项课，学生每一学期只能进行单一体育运动项目的学习。从技术教学时数与练习密度来看，单一体育项目的教学会使学生技术学习时间显得更充分，但是在教学实践中，我们经常发现随着课程的进行，特别是课程教学中后期（学生基本了解与掌握相关的基本技术），学生极易产生厌学情绪，厌学情绪的产生与学生部分技术的掌握以及同一运动项目学习时间的长短相关。普通高校公共体育课程项目设置呈多样化，一般包括球类、保健类、格斗类、艺术类、运动休闲类等。[2]在自主选课中，总体表现出学生能真正自主的空间很有限，大多数是只能选择教师、项目、上课时间中的一项或两项，选课过程经常出现“没得选”、“想选的，没选到，不想选的，硬安排”等现象。基于“项群理论”，通过教学实验探讨与验证高校体育“双项目”课程模式的构建与教学效果，为缓解“三自主”选课所带来的教学资源不足的局面，提供实践与理论参考。

一、高校体育教学“双项目”课程模式构建

（一）“双项目”课程模式的课程项目分类理论依据

田麦久与他的同事按照不同项目的类属特点深入探讨并揭示了同类项目的规律，同时又提高了这些规律在专项训练理论的基础，后来称这种运动项目类属聚合为“项群”，称揭示项群运动训练基本规律的系列理论为“项群训练理论”[3]。项群训练理论揭示出体育各个运动项目固有的特点，将这些运动项目分别划归为不同的类属进行专门性研究。[4]体育运动项目的多方属性为人们提供多个可供选择的分类标准。[5]例如，将乒乓球和网球的发球与接发球技术进行比较；将羽毛球步法与乒乓球运动移动相比较等。“双项目”课程模式的构建正是“项群”理论的灵活运用，其本质是按照“项群”规律，将两个或者以上的运动项目编入同一个教学单位（体育课），这样可以收到良好的教学效果。例如，以技能主导为大类：隔网项目（乒乓球、羽毛球、网球等）、难美性项目（艺术体操、体育舞蹈、健美操等）、格斗项目（拳击、散打等）。

（二）“双项目”课程模式的教学特点

高校体育“双项目”课程模式教学思想的形成是以“项群理论”为依据，根据各个体育运动项目属类特点、技能形成及运动项目技术动作形成的自身特点，对普通高校体育课程所开设的各个运动项目进行分类，然后每一次课程选取两项进行教学的体育课形式。“双项目”体育课程教学的显著特征是每次课由两个运动项目的教学共同组成，一位教师担任一个项目的教学，两个项目学习的学生和教学的教师既相对独立，又相互联系，而学生的体育课程学习评价由两个项目评价综合构成。“双项目”课程模式符合学校体育课程的自身规律，打破原有的每学期学生只能选取一个项目进行学习的现状，满足不同层次、不同兴趣的学生的需要，扩大学生体育的知识面，充分利用现有的教学资源。

（三）“双项目”课程模式的操作

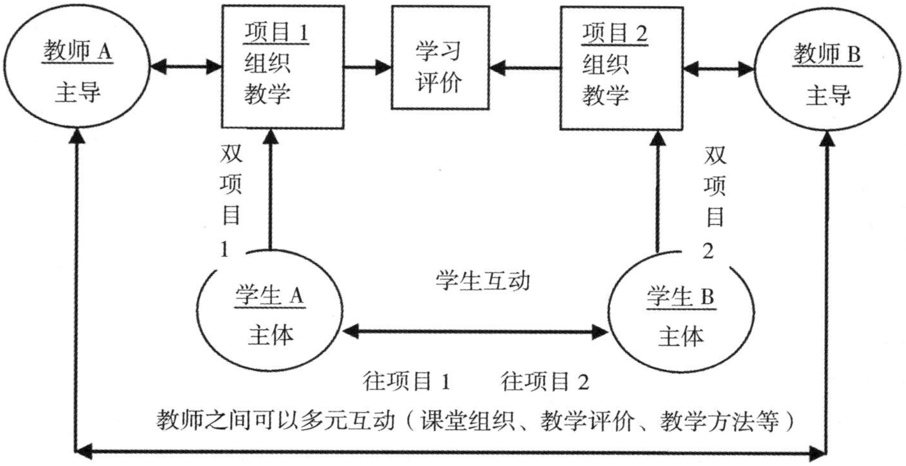

图 1　“双项目”课程模式构成示意图

“双项目”课程模式操作简单，如图 1，根据“项群理论”聚类规律，将开设的两个体育项目（1 和 2）定为一个课程，然后两个班的学生（学生 A、学生 B）根据个人意愿进行选课。整个课程的教学任务由两个项目教师共同承担（教师 A 与教师 B）。学生每个项目的学习时间分配可以是两个项目各占 40～45 分钟，也可以依据个人对技术掌握的完成度灵活分配。通常在课堂进行到 45 分钟后，两个项目的学生进行教学场地、学习内容的互换。单个项目的教学、组织、评价相对独立。整个课程结束时，学生的课程评分是两个项目的综合成绩。“以学生为主体，教师为主导”的指导思想，贯穿“双项目”课程模式教学始终，且教学过程中的两个主要因素（学生 A、学生 B、教师 A、教师 B，如图 1）之间存在着多元互动。

（四）两种课程模式在课程目标、教学组织管理与学习评价方面的比较

如表 1 所示，“双项目”课程模式与传统课程模式在课程目标、课堂教学组织与管理、学生学习评价等方面均有明显差异。“双项目”课程模式坚持以“学生为本”，“关注学生选课、学习、评价心理”，将课堂教学多方面因素进行优化，有利于体育教育目标的实现。

表 1 “双项目”课程模式与传统课程模式的比较

	“双项目”课程模式	传统课程模式
课程目标	①“双项目”课程模式注重满足学生体育兴趣的多元化需求；②“双项目”课程模式注重学生体育思维与练习方法的授课；③“双项目”课程模式注重提升学生体育综合素质与获取知识；④“双项目”课程模式注重学生主动参与性与自主性，关注学生学习心理。	①传统课程模式强调学生技能的掌握与传授，忽略体育态度的形成与完善；②传统课程模式强调体育课程的显性教学效果，忽略隐性课程的积极作用；③传统课程模式忽略学生体育兴趣的多元化需求与学习心理倾向。
组织管理	①“双项目”课程模式的整个课程教学由两位教师完成；②“双项目”课程模式课堂由两个班级组成；③“双项目”课程模式拓宽教师的授课空间，激发其教学能力；④“双项目”课程模式使学生在学习地点、内容、时间和方式上突出个性与一定的自主性，打破传统课堂空间条件的限制；⑤“双项目”课程模式加强教师之间、学生之间、教师与学生之间三方互动。	①传统课程模式整个课程教学由一个教师完成；②传统课程模式课堂为单一班级，学生固定；③传统课程模式学生不参与组织课堂教学活动；④传统课程模式学生学习空间、方法、内容单一；⑤传统课程模式课堂中只存在师生、学生之间的二维互动。
学习评价	①“双项目”课程模式整个课程评价为两个运动项目综合评价；②“双项目”课程模式评价多方面反映学生体育实践能力；③“双项目”课程模式学生学习评价由两个教师主导；④“双项目”课程模式多方评价，学生学习评价更合理化。	①传统课程模式整个课程为单一项目的学习评价；②传统课程模式单方面反映学生的体育参与和实践能力；③传统课程模式学生学习评价由一位教师主导；④传统课程模式对学生学习评价存在一定的片面性。

二、"双项目"课程模式教学效果实验分析

（一）两组学生乒乓球、羽毛球各项技术成绩 T 检验

表 2　乒乓球项目两组学生各项技术测试成绩 T 检验

技术指标	评分类型	班级	N	M ± SD	T	p
反手搓球	达标	实验班	52	15.90 ± 2.02	2.38	0.020 < 0.05
		对照班 1	28	14.71 ± 2.32		
	技评	实验班	52	8.52 ± 0.63	2.71	0.008 < 0.01
		对照班 1	28	8.12 ± 0.64		
正手攻球	达标	实验班	52	31.21 ± 3.81	2.76	0.007 < 0.01
		对照班 1	28	28.68 ± 4.09		
	技评	实验班	52	8.21 ± 0.78	2.31	0.024 < 0.05
		对照班 1	28	7.79 ± 0.77		
发球	达标	实验班	52	8.62 ± 1.14	2.78	0.007 < 0.01
		对照班 1	28	7.86 ± 1.21		
	技评	实验班	52	8.69 ± 0.69	1.38	0.172 > 0.05
		对照班 1	28	8.46 ± 0.75		
步法	技评	实验班	52	8.67 ± 0.58	1.07	0.290 > 0.05
		对照班 1	28	8.53 ± 0.51		

表 3　羽毛球项目两组学生各项技术测试成绩 T 检验

技术指标	评分类型	班级	N	M ± SD	T	p
发球	达标	实验班	52	8.59 ± 0.89	2.28	0.026 < 0.05
		对照班 2	25	8.04 ± 1.21		
	技评	实验班	52	8.33 ± 0.68	2.57	0.012 < 0.05
		对照班 2	25	7.88 ± 0.81		

（续上表）

技术指标	评分类型	班 级	N	$M \pm SD$	T	p
吊球	达标	实验班	52	15.52 ±1.71	2.23	0.029 <0.05
		对照班 2	25	14.60 ±1.66		
	技评	实验班	52	8.74 ±0.69	2.27	0.026 <0.05
		对照班 2	25	8.34 ±0.78		
杀球	达标	实验班	52	13.77 ±1.63	0.33	0.740 >0.05
		对照班 2	25	13.64 ±1.52		
	技评	实验班	52	7.87 ±0.60	0.93	0.356 >0.05
		对照班 2	25	7.73 ±0.67		
步法	技评	实验班	52	8.70 ±0.37	1.27	0.210 >0.05
		对照班 2	25	8.59 ±0.38		

如表 2、表 3 所示（实验班为甲班 + 乙班；对照班 1 为乒乓球丙班；对照班 2 为羽毛球丁班），实验班与对照班在乒乓球项目与羽毛球项目的各项技术测试中，除乒乓球发球技评、乒乓球步法、羽毛球杀球达标与技评、羽毛球步法 5 个技术指标两组学生成绩无显著差异之外，其余指标比较均有显著差异。检验结果显示“双项目”课程模式取得良好的教学效果。分析步法与杀球两项技术教学的情况，主要与这两项技术本身的特点相关：一是步法学习比较简单，学生只需要简单的模仿，无技术难度；二是杀球技术比较难，要求学生技术层次较高，所以这两个项目的两组学生成绩无显著差异，从技术指标测试结果也能反映出（步法两组学生均较高分，杀球两组学生均较低分）。

通过对各项测试技术进行分数比例换算（其中实验班学生的成绩为：乒乓球技术测试成绩 ×50% + 羽毛球技术测试成绩 ×50%；两个项目中的四项技术分别以 25% 独立计算，达标占总分的 60%，技评占总分的 40%），计算对照班和实验班的技术测试总成绩并进行 T 检验，结果如表 4（实验班为甲班 + 乙班；对照班 1 为乒乓球丙班；对照班 2 为羽毛球丁班），实验班和对照班学生的考试成绩具有非常显著性的差异。

表4　教学实验后两组学生技术考试总成绩 *T* 检验

班级	*N*	*M* ± *SD*	*T*	*p*
实验班	52	82.61 ±3.85	3.04	0.003 <0.01
对照班1	28	79.27 ±5.96		
实验班	52	82.61 ±3.85	3.68	0.000 <0.01
对照班2	25	78.66 ±5.38		

（二）两组学生课堂参与情况 *T* 检验

在检验高校体育教学效果的各项指标中，学生课堂学习的积极性与主动性是学生课堂参与能力评价内容之一。[6]为了了解“双项目”课程模式对学生课堂参与积极性的影响，实验中对两组学生课堂学习情况进行了记录（以每次课为单位，共18次），以计算每次课参与评价指标的学生人数为准。评价具体指标有：迟到、旷课、早退和提问四项。实验班与对照班（实验班：甲班+乙班；对照班：丙班+丁班）各项指标间的 *T* 检验，统计数据见表5。数据分析表明：实验班与对照班学生在“提问”项检验具有显著性差异（$p<0.01$），“迟到”项具有显著性差异（$p<0.05$），说明在“双项目”课程模式之下，学生课堂参与更积极主动。

表5　两组学生课堂参与表现情况 *T* 检验

记录指标	班级	*N*	*M* ± *SD*	*T*	*p*
迟到	实验班	18	0.83 ±0.78	-2.29	0.028 <0.05
	对照班	18	1.66 ±1.32		
旷课	实验班	18	0.33 ±0.59	-1.46	0.153 >0.05
	对照班	18	0.72 ±0.95		
早退	实验班	18	0.50 ±0.71	-0.82	0.414 >0.05
	对照班	18	0.72 ±0.89		
提问	实验班	18	16.66 ±3.23	5.73	0.000 <0.01
	对照班	18	10.67 ±3.04		

（三）两组学生课外锻炼参与程度 *T* 检验

学生能否自觉地运用课堂所学的技术进行课外锻炼，应成为民办高校体育教学效果评价的重要指标之一。[7]实验中，对两组学生课外锻炼参与情况进行跟踪与记录。从表 6 中可以看出（实验班为甲班 + 乙班，对照班为丙班 + 丁班），在“双项目”课程模式下，实验班学生更能够自觉运用课堂所学技术进行课外锻炼和娱乐，两组学生课外锻炼的整体情况 T 检验（$p < 0.05$），具有显著性差异。

表 6　两组学生课余锻炼参与程度 T 检验

班级	N	平均每周参与锻炼各次数与人数				$M \pm SD$	T	p
		0 次(%)	1 次(%)	2 次(%)	3 次(%)			
实验班	52	9 (17.3%)	11 (21.2%)	26 (50.0%)	6 (11.5%)	1.55 ± 0.91	2.13	0.035 < 0.05
对照班	53	11 (20.8%)	25 (47.2%)	13 (24.5%)	4 (7.5%)	1.18 ± 0.85		

三、结论

（一）“双项目”课程模式增大运动项目选择范围，调动学生积极性

“双项目”课程模式增加学生在体育课程选择中选到自己喜欢项目的几率，满足学生的选课意向，能激励学生运动参与的积极性；而且“双项目”课程模式下的每次课都会变换练习场地、教学内容、练习对象中变化，这样能增加学生的新奇感，调动学生的学习兴趣。

（二）“双项目”课程模式有利于教师及学生间的多元互动

“双项目”课程模式增加了体育教师间教学沟通的几率，为教师探讨本项群项目教学提供平台，有助于教师教学能力与理论水平的提高。此外，由于练习场地、讲授教师以及练习同伴的变换，增加了学生与教师之间的多方互动，形成开放式的教学场景，有利于民办高校体育教学目标的实现。

（三）“双项目”课程模式增加学生课堂体育知识的获取

“双项目”课程模式改变了传统高校体育课教学中一堂体育课对应一个体育项目教学、一个学期限制一个项目学习的状况，使学生在单位课堂教学时间里能获得更多知识信息。

（四）“双项目”课程模式有利于优化现有教学资源

“双项目”课程模式教学的运用，能较好地调整各个项目上课时间，合理使用与配置现有的教学场地资源，能缓解传统单一项目选课时学生过于集中于热门项目（如乒乓球、羽毛球等）而造成“人满为患”的状况。

（五）“双项目”课程模式增加教师教学工作重复性与工作量

与传统教学模式相比，“双项目”课程模式在民办高校的整个教学过程中，教师增多教学次数和对学生的学习评价，势必增加教师工作量。如何合理解决，需要体育教师不断提高教学艺术水平，改进教学方法与教学手段，如积极运用计算机信息技术，编制技术教学多媒体课件，利用多媒体课件的可重复播放性便可以比较好的解决“双项目”课程模式给教师带来教学工作量增加的问题。

参考文献

[1] 全国普通高等学校体育课程教学指导纲要（〔2002〕13 号）[S]. 教体艺，2012.
[2] 兰自力，郝英，王义平，孙立海. 普通高校体育课实施“三自主”教学现状分析与对策研究 [J]. 体育与科学，2008（5）：98～100.
[3] 田麦久. 运动训练学 [M]. 北京：人民体育出版社，2006. 21.
[4] 林萍仙，林波，邱小燕. 高校田径项群归类教学模式的研究 [J]. 南京体育学院学报（自然科学版），2003（1）：79～82.
[5] 田麦久. 运动训练学 [M]. 北京：人民体育出版社，2006. 36.
[6] 金钦昌. 学校体育学 [M]. 北京：高等教育出版社，2005. 198.
[7] 张选民. 激励机制在体育教学管理中的作用 [J]. 武汉体育学院学报，2004，38（1）：134～135.

多媒体设备控制系统的设计与实现

宋宇翔

摘　要　多媒体教室管理提出了一种全新的多媒体设备控制系统的设计方案，采用自主开发的“多媒体设备控制软件”替代中控设备，简化多媒体设备控制系统的操作流程，实现“开机即用，关机即走”的操作方式。同时，在民办院校降低多媒体教室的建设成本、改造成本以及维护成本也是极为必要的。

关键词　多媒体设备控制系统；分屏器；RS232 接口；数码展台

随着世界科学技术的发展，教育技术日新月异。时至今日，一种新的教学手段——多媒体教学，已被广泛应用于日常教学中。因此，多媒体教学设备也在不断推陈出新。为解决各种多媒体设备集中控制的问题，便于教师使用和技术人员管理，早在30年前，美国CRESTRON公司就已经研制出一种叫中控（中央集中控制器的简称）的产品，后来有AMX、iTRON、CREATOR、晨星等多个国内外产品相继出现，形成了一个行业，并且这一行业在不断发展壮大。[1]

民办高校大批多媒体教室的建成使用，在一定程度上提高了课堂教学效率，改善了教学质量，对促进教学改革、提高教学效果起到了较大的作用。但广大教师在使用过程中总感觉到不太顺手，维修人员也觉得故障率高、维护麻烦。究其原因，主要是很多设计公司把中控产品的研究方向定位在不断扩大中控的功能上，与大多数用户经济、实用和方便的需求背道而驰。[2]我们通过多年的维护观察和对使用教师的调查发现，中控功能越多，其操作复杂性也随之提高，且设备稳定性下降、故障率上升。

一、设计目标

这种设计方案的目标就是要有针对性地解决多媒体教室的上述问题，具体设计目标是：

1. 实现网络群控管理[3]

群控是集群控制的简称。这种设计方案，通过局域网和网络控制软件对多媒体设备系统进行远程管理，实现多媒体网络群控功能，可以完成远程协助、远程指导操作、远程维护、远程关机等操作，统一管理规范，从而大大减轻管理压力，提高工作效率，达到事半功倍的效果。

2. 简化使用操作流程

这种设计方案，去掉中控设备，设计一款“多媒体设备控制系统”软件，完成多媒体集中控制的功能，彻底解决中控设备所带来的困扰，实现“开机即用，关机即走”的操作方式，变纷繁复杂的操作流程为“傻瓜式”操作。既避免了因教师操作所导致的故障，保障课堂教学正常，又解决了因操作流程繁杂给教师带来的烦恼。

3. 节省改造、维修的成本

采用这种设计方案对民办院校现有的多媒体课室进行技术改造，既可以实现多媒体现有的功能，又有利于今后的管理和发展；同时节省改造成本以及节省改造后设备的维修成本。

二、设计原理[4]

（1）利用微机的 COM 口输出控制信号，代替中控的控制信号，从而达到控制投影机电源的开和关的效果。

（2）幕布的升降直接由一个单联双控开关控制。

（3）利用 1 进 2 出分屏器把微机 VGA 信号同时输出给教师机显示器和投影机。

（4）编程输出微机的 COM 的控制信号[5]，并将开关机控制信号程序加入微机的开关机自动运行策略，从而做到投影机跟随微机自动开关机。

（5）将需要集中管理的多媒体教室的教师机 IP 划分到一个网段，组成一个局域网，在每台多媒体教室的教师机上安装多媒体教学网络系统被控端，主控端安装在多媒体教室管理员管理机上，实现集中控制管理功能。

三、实施方案

1. 制作 com 口连线

制作三菱投影机 com 口连线。如图 1 所示，用电缆连接，并用电烙铁焊接。计算机 com 口的 3pin 是信号发送端，用于发出信号；投影机 com 口 3pin 是接收端，用于接收信号；计算机和投影机 com 口的 5pin 是接地端，用于防雷、防静电并制作松下投影机 com 口连线。如图 2 所示，用电缆连接，并用电烙铁焊接。与三菱投影机 com 口不同的是，松下投影机 com 口 2pin 才是接收端。

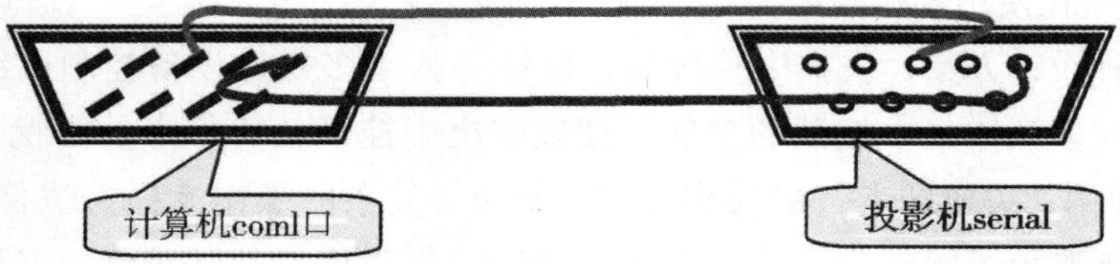

图 1　com

图 2　com

2. 通过单联双控开关，实现投影幕布的升降控制

使用开关为单联双控开关，橙色线为公用零线，红色线为升，蓝色线为降，如图 3 单联双控开关与电动幕连接电路图。

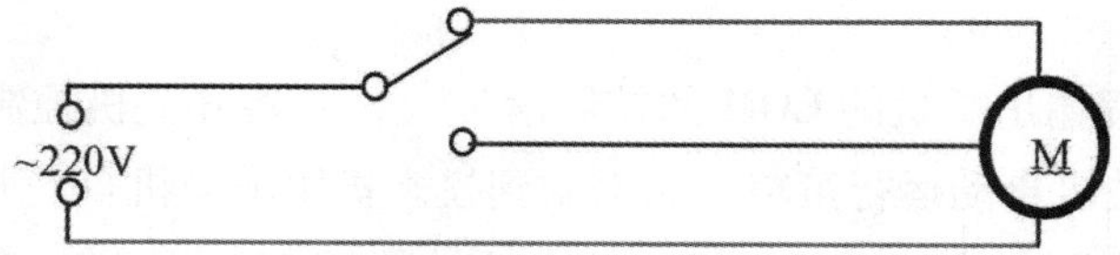

图 3　双控开关

3. 通过分屏器分屏实现电脑 RS232 接口与投影机 RS232 的连接，达到控制目的[6]

用 1.5 米 RGB 线连接计算机 VGA 输出端（VGA out）和分屏器的 VGA 输入端（PC in），用 25 米 RGB 线连接分屏器的 VGA 输出端（monitor2）和投影机的输入端（rgb1 in），用显示器 VGA 线输入端接分屏器的 VGA 输出端（monitor1），用 25 米控制线（2 芯线）连接计算机的 com1 口和投影机

的 serial 口。

设计的特点是：展台使用操作相对不便，通过分屏器分屏，输出信号会有所衰减，且分屏器的质量决定了输出效果的好坏。系统连接示意如图 4 所示。

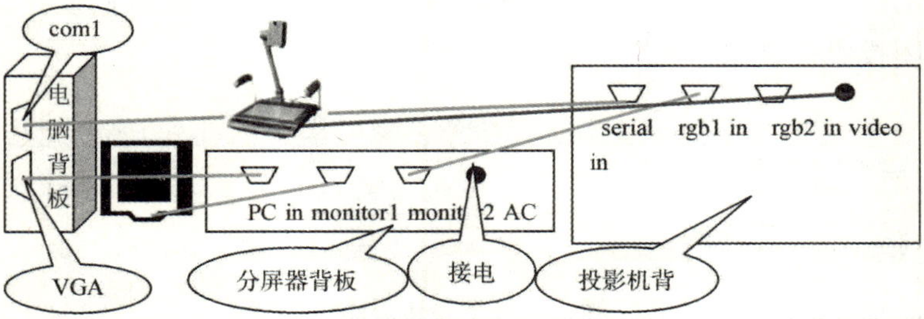

图 4 RS232

4. 通过数码展台分屏实现电脑 RS232 接口与投影机 RS232 的连接，达到控制目的

用 1.5 米 RGB 线连接计算机 VGA 输出端（VGA out）和数码展台的 VGA 输入端（PC in），用 25 米 RGB 线连接数码展台的 VGA 输出端（Projector）和投影机的输入端（rgb1 in），用显示器 VGA 线输入端接数码展台的 VGA 输出端（PC out），用 25 米控制线（2 芯线）连接计算机的 com1 口和投影机的 serial 口。

设计的特点是：展台使用操作方便，通过展台分屏，不会干扰其输出信号，效果好，且稳定，软件系统操作简单。系统连接示意图如图 5 所示。

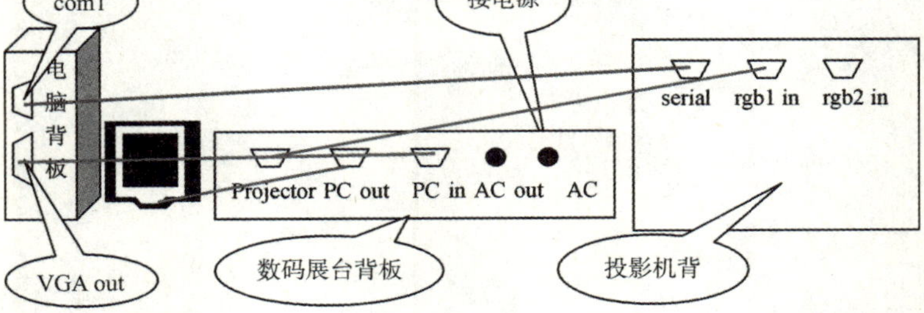

图 5 RS232

5. “多媒体设备控制系统”的模块功能

“多媒体设备控制系统”用 Visual Basic 语言设计。[7] 由三个功能模块组

成：开投影机模块 Power ON，主要是向投影机发送开机代码，开启投影机电源开关，计算机提示等候，延时 8 秒，等待投影机预热，然后向投影机发送切换代码，将输入信号切换至 RGB1 通道；多媒体控制界面模块 Mutilmediacontrol,[8] 主要用于在计算机开机状态下关闭投影机和开启投影机，切换投影机的信号源；关投影机模块 Power OFF，主要是向投影机发送关机代码，关闭投影机电源开关。

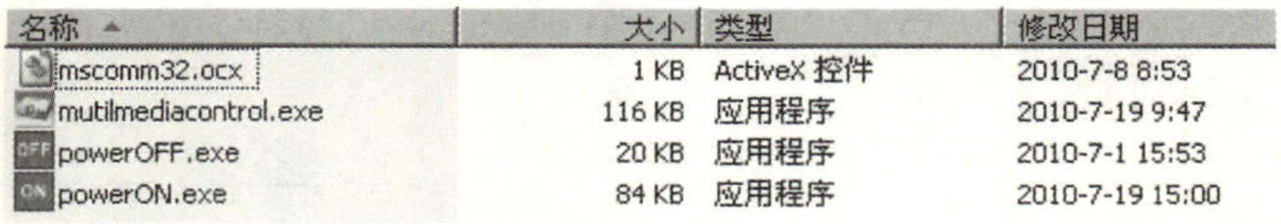

名称	大小	类型	修改日期
mscomm32.ocx	1 KB	ActiveX 控件	2010-7-8 8:53
mutilmediacontrol.exe	116 KB	应用程序	2010-7-19 9:47
powerOFF.exe	20 KB	应用程序	2010-7-1 15:53
powerON.exe	84 KB	应用程序	2010-7-19 15:00

图 6　功能模块组成

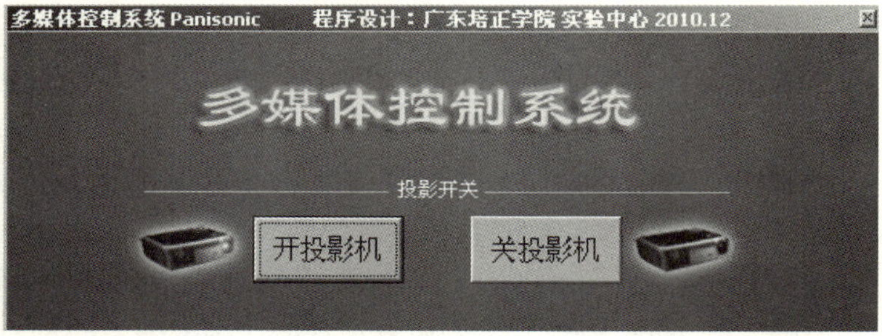

图 7　采用分屏器分屏方法的控制界面

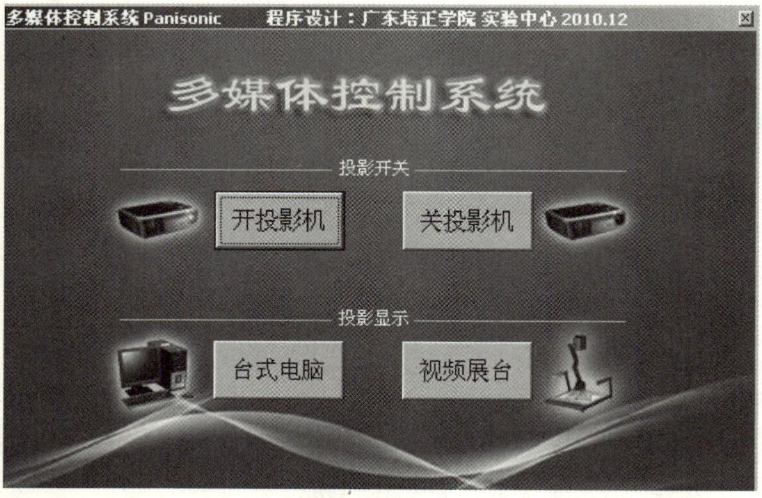

图 8　采用数据展台分屏方法的控制界面

6. “多媒体设备控制系统”功能实现后的使用要点

（1）开启教室总电源开关，电脑自动启动，多媒体设备开启；按下讲台桌面“幕布降”开关；使用黑板时，正常关闭计算机，按讲台桌面“幕布升”开关。

（2）使用视频展台时，开启展台电源开关，点击电脑桌面的“多媒体设备控制系统”，再点击“视频展台”即可；若要投影画面返回电脑，按此操作点击“台式电脑”即可。

（3）使用数码展台时，开启展台电源开关即可使用；关闭电源后，画面回到台式电脑。

（4）下课时，教师正常关闭计算机，多媒体设备则自动关闭。

7. 通过软件实现计算机远程控制功能

自编软件或借助产品化的软件对计算机进行远程控制，以达到通过网络控制每间教室多媒体设备的目的。

四、成本分析

1. 改造成本（以广东培正学院的多媒体教室改造的实际情况为例，见表1）

表1　改造成本表

名称	单价（元）	单位	第一阶段（52间）		第二阶段（79间）		第三阶段（21间）	
			数量	小计	数量	小计	数量	小计
分屏器	130.00	台	0	0.00	42	5 460.00	0	0.00
单联双控幕布开关	15.00	个	52	780.00	79	1 185.00	21	315.00
1.5米VGA线	25.00	根	5	125.00	5	125.00	2	50.00
印制开关标识	1.00	张	52	52.00	79	79.00	21	21.00
印制使用指南	8.00	块	52	416.00	79	632.00	21	168.00
人工加班费	50.00	班	42	2 100.00	72	3 600.00	15	750.00
其他		批	1	400.00	1	800.00	1	400.00
合计（17458元）				3 873.00		11 881.00		1 704.00

2. 节省成本（以广东培正学院的多媒体教室改造的实际情况为例，见表2）

表2 节省成本表

节省事项	数量	单价	金额（元）	计算根据
中控维修费	76	4 700	357 200	中控使用年限一般为5年，之后发生故障时，设备已淘汰，无处可修，只能更换。按5年后更换50%计算。
中控购置费	60	4 700	282 000	按今后5年建设多媒体教室60间计算，中控每台4 700元（按我院2009年多媒体项目的工程价计算）。
合计			639 200	

这里介绍了“多媒体设备控制系统”的设计方案，包括设计目标、设计原理、实施方案、对原有多媒体课室改造的成本分析等内容。广东培正学院于2010年6月开始对现有的多媒体教室按文中的设计方案进行了全面改造，简化了操作流程，延长了设备的使用寿命，减少了维护的成本，真正实现了多媒体设备“开机即用，关机可走”，受到了广大教师的好评，具有较大的实用价值。

参考文献

[1] 林翠岗．学校教室电脑及多媒体设备的管理和维护实践探讨［J］．新课程（教师版），2010．3.

[2] 李启福．高校多媒体教学中计算机的常见故障及维护［J］．内蒙古科技与经济，2010．8.

[3] 郑静．一种多媒体集中控制系统［J］．科技情报开发与经济，2003，13（11）．

[4] 范逸之．Visual Basic 与 RS－232 串行通信控制［M］．北京：中国青年出版社，2000．10.

[5] 潘爱民．COM 原理与应用［M］．北京：清华大学出版社，1999．20.

[6] 刘胜达．C 语言实现 RS232 上、下位机串行通信［J］．中国科技信息，2006．8.

[7] 喻桂兰，彭宇宁，赵开开．VB6.0 与 RS－232 在多机通信技术中的应用［J］．实验科学与技术，2009，7（4）．

[8] Diane Zak. *Programming with Microsoft Visual Basic 6.0 Enhanced Edition*［M］. Boston：Course Technology，2001.

厚积亦难薄发

——“大学生文化修养”课程教学的思考

龙生庭

摘　要　“大学生文化修养”这门课程涉及的学科领域广泛，课时又很少，因此任课教师讲授的难度很大。一些教师在教学过程中作了偏离教学大纲的处理，很难达到教学目的。该门课程与公选课内容相通，因此建议取消该门课程，用相关的公选课取代“大学生文化修养”课，由相关的公选课教师分别讲授，或许会取得较好的教学效果。

关键词　“大学生文化修养”课程；可行性；课程改革

入职以来，笔者在履行教学督导的过程中对“大学生文化修养”课程进行了多次跟踪听课，并和相关任课教师进行了交谈。在此基础上，我们对本校“大学生文化修养”课程教学的历史及现状进行了初步思考。

一、厚积方能薄发——课程教材内容分析

“大学生文化修养”作为培正学院的一门选修课，始于何年、哪个学期，可惜人事更迭、时过境迁，难以弄清。笔者仅知道，从 2007 年 4 月来这所民办大学做教学督导时，就已经开了这门课程。开设“大学生文化修养”课程，无论谁是始作俑者，其初衷无非是想通过教学扩展大学生的文化视野，提高大学生的文化素养，增强大学生的综合素质。

“文化”一词，英文、法文都写作 culture，它是从拉丁文中演化来的，拉丁文 cultura 含有“耕种、居住、练习、留心或注意”等义项。“文化”是一个含义极广的概念，由于其内涵和外延的不确定性，导致对这一概念所下的定义历来莫衷一是。给文化下明确定义的是英国人类学家泰勒，他认为文化是“一个复杂的总体，它包括知识、信仰、艺术、伦理、道德、法律、风俗以及作为一个社会成员的个人通过学习获得任何其他能力和习惯”。随后，由于学者各自的学术立场和观察角度不同，产生了各种定义，

而各种定义应当是互补的。综合各家之见解，我们似乎可以认为“文化”是指人类创造出来的并可以通过学习获得和为后人学习和传承下去的一切物质和非物质产品。换句话说，文化就是人类社会共同创造出来的物质文明与精神文明的总合。而人类的精神文明包括文学、哲学、信仰、艺术、历史、道德、法律、风俗，礼仪、民族、宗教、教育、科学等，即现在流行的说法——非物质文化。

那么“大学生文化修养”课程要讲什么内容呢？我们且看高职高专统编教材《大学生文化修养讲座》中的章节目录：第一讲是人文使人升华；第二讲是文学使人感悟；第三讲是历史使人明鉴；第四讲是哲学使人深邃；第五讲是艺术使人隽永（上）；第六讲是艺术使人隽永（下）；第七讲是科技使人聪睿；第八讲是伦理使人庄重；第九讲是心理使人明晰；第十讲是创新使人成功。从以上教材目录看来，很显然，教材的编写者所讲的文化，主要集中在精神文化层面，几乎涉及社会科学的各个领域。要讲授这门课程的老师非得有渊博丰富的知识不可。只有这样的通才教师才能承担起此门课程的教学任务，不厚积恐怕是难以做到薄发的。

二、厚积亦难薄发——课程教学可行性分析

如上介绍，我们现在使用的《大学生文化修养》教材共有十讲（章），分别涉及文学、哲学、历史、音乐、戏剧、影视、绘画、舞蹈、书法、雕塑、建筑、科技、伦理、心理等若干领域，不可谓不宽广博大。那么，我们的专业培养计划中安排多少学时呢？据教务处 2009 年编辑印刷出版的《专业培养方案》，其中“大学生文化修养”课程安排的学时为十八节（包括考查时间），每周安排上课一节，45 分钟。稍微明白一点的老师都知道，45 分钟能讲清楚多少概念和问题呢？即使每周上两次课，能够讲清楚文学的产生、文学的特征、文学的分类、文学的作用吗？能讲清楚哲学、历史问题吗？能讲清楚艺术、伦理、道德问题吗？我们试想，用 45 分钟让于丹（北京师范大学教授）来讲文学修养，易中天（厦门大学教授）来讲历史修养，董锡玖（中国艺术研究院舞蹈研究所研究员）讲舞蹈艺术修养，梁思成（著名建筑史学家）讲建筑艺术修养，于润洋（中央音乐学院教授）讲音乐艺术修养，恐怕也会不知如何是好。不是他们没有讲的内容，而是在这么短的时间里，要把一门学科的知识讲出来，让学生在相关领域增加一点文化修养，怕是有相当的难度。讲浅了，对学生在这方面的文化修养无

所裨益；讲多点，又没有时间。

早年，笔者曾经就某位老师的“大学生文化修养”课程教学写过一篇内参，题目叫做“一份《授课纲要》与五个问题”，其中就谈到了这个问题。文章中提到，某任课老师把“大学生文化修养”课程已经偷换成了儒、道、释、法四大家哲学思想讲座，和教材的内容体系已经大相径庭。这位老师之所以这样做，据她自己坦言，那是因为自己知识结构狭窄、知识积累浅薄，不能按照教材的知识体系去讲。从学时安排上来说，即使自己文学、哲学 、历史学、艺术学、心理学等领域样样都懂，但要在45分钟到90分钟把每个领域的问题恰如其分地介绍给学生，又要让学生有所收获，那也是一桩棘手的事情。因为，讲浅了会与大学生在中学时期学习过的知识重复；要讲深一点，时间又受到严格的限制。而且如果下课铃响了，不管你还有多少认为要讲的问题都必须下课！

笔者曾就此问题和几位教授讨论过，要讲授“大学生文化修养”课程，一个字：难！难在要厚积方能薄发，难在厚积无时薄发！

三、无奈的选择——课程教学现状分析

“大学生文化修养”课程目前属于基础部中文教研室开设的公共选修课程。从师资力量方面来说，该教研室有正、副教授11人，还有几个青年博士、硕士，力量算是比较雄厚的。然而，该教研室要承担全校1.3万学生的“大学语文”、“财经应用写作”、“演讲与口才”等课程，自然会无暇顾及“大学生文化修养”这样的公共选修课。在师资力量相对缺乏的情况下，只好由其他部门的人员做兼职以承担其教学任务。本学期承担“大学生文化修养”教学任务的是两个年轻的兼职老师，年龄都未超过30岁。

笔者曾经多次听一个青年老师的课。第三周星期三第十二节，在学院的3111教室里，他讲文学修养，一节课的时间都用来分析一首现代朦胧诗。至于基本的诗歌理论知识，比如诗歌的特点、类别、作用、形象、意境、情感、技法等，基本都没有触及；第九周星期三第三节，在3111教室里，他撇开教材内容，讲授青楼（妓女）文化。一节课下来，他讲了妓女行业的历史及作用，介绍了青楼文化的政治价值、经济价值和文学价值，还介绍了历史名妓薛涛、李师师、陈圆圆、赛金花等。虽说他的讲授还比较吸引学生，但他对教材的处理以及教学内容的选择与确定是值得商榷的。青楼文化可不可以讲？个人认为可以讲。但问题是，在有限的课时内，我们

可以选择其他更有积极意义的内容去讲授，比如礼仪文化、饮食文化、服饰文化、丧葬文化、节庆文化、鸡文化、酒文化等。当笔者和这位老师讨论这些问题时，他说，自己阅历浅、知识结构比较单一狭窄，难以按照教材体系讲授。所以就想找些能够讲述的且能吸引学生的内容，作为文化修养的内容传播给学生。这样做也是一种无奈的选择。

另外，还听了另一个青年教师讲的“大学生文化修养”课。第七周星期五第二节，他讲了“历史使人明鉴”。但他对教材要点、重点的把握不很到位。对许多观点没有作适当合理的展开。比如对历史与历史学、文学、哲学、民族学、艺术学、社会学、考古学等学科的区别都可以展开分析。但或许阅历浅以及知识的积累欠缺，没能做到把课讲活。在我们一起讨论“大学生文化修养”的课程教学及教材内容编排问题时，他说，这门课看似容易，其实难讲。教材内容涉及社会科学的大部分领域，需要渊博的知识积淀才能开讲。他直言自己无法全部按照教材内容体系讲授，且从课时安排上来看，也无法全部讲授。他甚至直接建议取消“大学生文化修养”课程的设置。

四、路在何方——课程改革构想

最近，一直在思考这么几个问题：我们的“大学生文化修养”课程还要不要继续开设？如果要继续开设的话又怎么开设？开设之后又请什么老师去讲授？为此，我们再一次反复分析了“大学生文化修养”课程教材的内容体系，又查看了我们目前实施的专业培养方案中所开设的相关课程。从而产生了一个想法：我们是否可以取消“大学生文化修养”课程，在研究清理我们已经在开设的公共选修课的基础上，压缩一些选修课程，适当增加一些选修课，再用这些相关的公共选修课程取代“大学生文化修养”。

我们现在开设的公共选修课程中，大约有10来门课程。有“大学语文”、“音乐欣赏”、“大学生音乐基础”、“公共关系学”、“社交礼仪”、“马克思主义哲学”、“合唱与指挥”、“交谊舞”、“舞蹈鉴赏”、“中国文化概论”、“演讲与口才”、“书法鉴赏”、“大学生心理教育”、“美术鉴赏”、“形体舞蹈”、“声乐演唱”、“信息检索”、“外国文学鉴赏”、“影视名作欣赏”、“钢琴演奏”等。如果我们把“大学生文化修养”的教学内容体系和我们所开设以上课程进行比对，不难看出，它们之间基本上是互通的。如果我们增加开设“民俗学”、“现代科学技术概论”、“美学原理”、“艺术学”、“伦理学”之类的选修课，那么，我们所有的公共选修课程就已经可以涵盖“大学生文化修养”的全部内容了。这样，相关课程就由相关专业教师讲授，专业对口，讲授也容易得心应手。此外，找专业老师比找通才教师更容易。

影响民办高校思政课教学实效的因素和对策

易辉煌

摘　要　影响民办高校实效性的因素有领导体制、部门设置、教师素质、课程安排、教学方法和教学手段等。解决这些问题的主要措施大体有理顺机制、全面提升思想政治理论课老师的政治素质和理论修养、构建思想政治理论课教学的新模式等方面。

关键词　民办高校；思政课；教学实效

“讲授马克思主义基本原理，努力回答学生普遍关心的重要理论问题和实际问题，正确把握学生的思想特点和心理、生理发展的特点，遵循教育的规律，简明、扼要、通俗易懂、生动活泼地进行教学，着力引导他们领会马克思主义的精神实质，掌握马克思主义的立场、观点和方法，提高教学的说服力和有效性。”[1]

民办高校根据教育部的指示精神，在思政课教学改革中，以“三个贴近”[2]（贴近实际、贴近生活、贴近学生）为突破口，创新思想政治理论课的内容、形式、手段，创新体制和机制，深入到大学生生活中去，努力提高思想政治教育的实效性，不断增强思想政治理论课的吸引力，为大学生的发展和全面进步提供强有力的精神动力和思想保证。

一、影响民办高校思政课实效性的有关因素

（一）领导体制

从领导体制看，存在领导体制不健全的问题。从笔者了解到的几所民办高校的情况来看，创办初期，一般没有成立党委，在相当一段长的时间内，针对思想政治理论课教学，有关职能管理部门之间、职能管理部门与教学实施部门之间职责不清、权限不明，往往出现运行机制通而不畅、管

理部门理而不顺的现象。

（二）部门设置

从部门设置看，存在机构设置不合理的问题。党委未成立之前，思想政治理论课教学部无法独立设置为学校党委直接领导下的二级机构，而是采取挂靠的形式与学校其他教学部门合二为一，在一段时间内，曾出现过“两块牌子，一套人马”的现象。

（三）教师的工作条件和教师的构成成分

从教师的工作条件和教师的构成成分看，一方面，思想政治理论课教师工作量大，教学条件较差。一些民办高校专升本后规模扩大了，思想政治理论课教师队伍的数量与扩大的招生规模形成了强烈的反差，存在师资力量严重不足、教学设备十分缺乏的问题。90 年代初，教育部规定思想政治理论课教师与学生的比例为文科 1∶80，理科 1∶100。而扩招后思想政治理论课的师生比已经扩大到 1∶250，有些学校一段时间内甚至更高，这就造成理论课教师工作量明显加大、教学条件下滑的问题。

另一方面，由于思政课教师严重缺编，大量的课只能由辅导员等兼职老师担任。在评选学校骨干教师、学科带头人、优秀教师、先进个人时，思想政治理论课教师所占比重很小。这些都严重伤害了思想政治理论课教师的自尊心，不利于思政课老师的自我发展。

（四）课程安排

由于对思想政治理论课的教学缺乏正确的认识，认为上好专业课是硬任务，关系到学生的就业，而思想政治理论课是软任务，与学生就业关系不大。在课程安排上，多把思想政治理论课安排在学生精神松懈或疲倦状态的时间段，这对理论课的学习很是不利。在课时上，重智育轻德育，认为思想政治理论课挤占了专业课的课时，“形势与政策”等课有时甚至无法开出来。

（五）教师的知识结构

思想政治理论课综合性很强，对老师的知识结构要求比较全面。许多学校思想政治理论课教师以中青年教师、兼职教师居多，而有些青年教师知识结构不够合理，缺乏本专业之外其他人文学科的理论知识，学术积累单薄，甚至相当一部分兼职理论教师是从其他专业转来的，他们的马列主义理论基础知识以及理论课教学所涉及的哲学、社会学、伦理学、法学、教育学等学科的知识比较薄弱，教学底气不足。

更有甚者，少数兼职老师的马克思主义理论的基础知识比较薄弱，学术素养和学术水平不高，教学能力不强；有的教师照本宣科，无系统性、理论性讲解知识的能力；有的对学生提出的热点、焦点或难点问题，不能正面准确回答，让学生感到失望和空泛，无法满足大学生的内在需要，很容易引发接受主体产生精神厌食障碍。还有个别教师存在“信仰”问题，即信仰不坚定。

（六）教学方法

长期以来，有些理论课教师习惯于传统的教学方法，较多地采用课堂说教式来讲课。课堂教学多拘泥于课本，教师凭教材在课堂上“念经”、讲空话、讲套话，缺乏讲课艺术；学生则死记硬背概念、原理。这种教学模式就是以教师为中心，是主要由教师讲授、学生倾听的单一、被动的课堂教学模式。教师整堂课的说教、灌输方式不能满足当代大学生听课的要求，而语言平淡乏味甚至照本宣科也愈来愈让学生反感。在授课形式上，学生们大多表示，反感那种“惟师”、“惟书”的单纯说教式教学，陈旧、单一、呆板的教学方法等与“塑魂”的要求相去甚远。

（七）教学手段和形式

教学手段落后、形式单一，严重影响了学生学习思想政治理论课的积极性和主动性。传统的思想政治理论课教学以黑板、教科书为教学信息的主要承载形式，无法提供生动直观的图像资料，教学形式单一枯燥。在思想政治理论课教学中，恰当地运用现代化教学手段，既可以给学生提供直观生动的历史镜头和图像资料，激发学生的学习兴趣，调动他们学习的积极性和主动性，提高学习效率；也可以大大提高思想政治理论课教学的说服力，弥补传统教学方式中语言表达的说不清、道不明的缺陷。

二、提升实效性的应对措施

（一）理顺机制

2011 年，广东省教育厅向民办高校委派党委书记兼督导专员后，各民办高校立即着手组建由党委直接领导的思想政治理论教学部。以广东培正学院为例，党委每年召开的有关思政部工作的专门会议不少于2次，每学期听思政部汇报不少于4次。党委的工作不是停留在一般号召上，而是真抓实干，身体力行。为了帮思政部解决问题，学院党委多次专门召开党委宣传部、教务处、人事处、学生处、科研处、财务处等职能部门的联系协调会，要求有关部门的负责人切实解决在实施“05方案”过程中出现的机构设置、专项经费投入、科研课题、课时、学分、现代教育技术应用等实际问题。

（二）全面提升思想政治理论课教师的政治素质和理论修养

1. 必须提升政治素质，解决“真信”问题

思想政治理论课代表国家意识，必须毫不动摇地坚持正确的政治方向。方向性是思想政治理论课的本质属性，在坚持正确的政治方向、政治原则的问题上，不允许有半点含糊和动摇，否则，即使课讲得再精彩，也达不到教学目的，甚至可能造成消极负面的影响。思想政治理论课教师在一些重大原则问题上必须坚定地站在党和人民的立场上，旗帜鲜明地坚持正确的政治方向，理直气壮地宣传马克思主义、宣传党的路线和方针政策、宣传社会主义的核心价值观。

在此，培正学院思政部狠抓了两个方面：一是作为思想政治理论课教师一定要解决好对马克思主义、中国共产党和中国特色社会主义“真信”的问题。所谓“真信”就是发自内心的信，而不是言不由衷的“信”，是坚定不移的信，而不是将信将疑的“信”，否则教师在教学中就必然“底气不足”，更难以服人。二是把课堂教学与学术争论严格区分开来，真正做到“学术无禁区，课堂讲纪律”，在重大原则问题上决不能模棱两可，更不能误导学生。

2. 必须加强教师的理论修养和提高教师的教学水平

要提高思想政治理论课教学的实效性，教师本身必须具备广博的知识，有合理的知识结构。思想政治理论课内容更新较快，思想政治理论课教师必须不断地充实和更新教学内容，及时把党的理论、路线、方针、政策反映到教学中去，站在理论学术的前沿，运用异常活跃的理论思维，善于对实践中提出的新问题进行思考，以扎实的理论功底，说服当代大学生，实现以马克思主义理论教育学生的教学目的。

思想政治理论课要达到良好的教学效果，让学生感到可听、可信、可用，要求老师在教学中要有目的地渗透自然科学、社会科学（文、史）中

人与物的典型事例教育内容，这就要求思想政治理论课教师不仅仅要在本门课程方面有扎实的专业功底，而且在哲学、经济学、文学、历史学、教育学、心理学、伦理学、军事学等领域应当有一定的修养，对数、理、化、天、生、地等自然科学领域也应略知一二。如毛泽东思想、邓小平理论和“三个代表”重要思想内容涵盖哲学、经济、政治、科技、教育、文化、民族、军事、外交、统一战线和党的建设等方面，涉及领域面广阔。讲“思想道德修养与法律基础概论”的教师，不仅要有伦理学及法学方面的知识，同时也要有文学、历史等方面的知识，这样才能打动学生，增强教学魅力。

3. 加强教师培训、提高其教学技艺与水平

在学院党委的领导下，广东培正学院思政部的教师重视现代教育理论知识的学习，认真领会教育真谛，确立全面的教学质量观。有了一门省级优质课和三门校级精品课。出现了一大批教学有方的好教师。实践证明，教师只有全面把握教育目的，才能使课堂教学目标符合日新月异的社会需要，使课堂教学活动真正从培养接班人和建设者这一角度来组织丰富多彩的学习活动。此外，他们还注意加强教师课堂教学技艺与教学水平的培训。在实际教学中，仅有正确的课堂教学质量观是远远不够的，还需要掌握先进的课堂教学技术，施展娴熟的课堂教学技能，只有这样才能全面提升课堂教学活动的质量。

实践告诉我们，教师队伍建设是提高思想政治理论课教学水平的关键环节，是马克思主义理论教育持续发展的根基。没有一支政治立场坚定、理论功底扎实、专业门类齐全、年龄结构合理、具有精湛教学艺术和高尚人格魅力的马克思主义理论教学队伍，以口头讲授的方式来提升思想政治理论课的实效性是没有任何意义的，到头来，所谓提高教学效果的一切要求和设想都会落空。

在这方面，广东培正学院思想政治理论课教学的实效性有了较大程度的提升。正是他们严格按照广东省教育厅的要求，实行马克思主义理论课教师的准入制，对其政治素质和学术素养提出明确要求，严格把关，防止不合格的教师进入，才保证了该课程的科学性和严肃性。从2009年下学期始，他们引进多个从事多年思想政治理论课教学的教授和副教授，同样坚持要他们参加广东省教育厅组织的岗前培训。

在具体工作中，他们从政治的高度，从思想政治理论课的艰巨性和特殊性出发，争取学院在科研、学习、考察的经费安排、考核晋升、评奖评估、学术交流等方面实行政策性倾斜，以吸引高水平教师的加入，促使在

职教师更加爱岗敬业；他们比较重视马克思主义理论课教师的继续教育，在他们力所能及的范围内，尽量为老师们提供更多的进修、培训、研讨、考察等机会，采取“派出去、请进来”的方式，不断加强老师的理论修养，提升老师的理论基础水平。同时完善青年教师导师制和学科带头人制度，实施“一帮一、同路行”的措施，“以老带新，以新促老”，全面提升全体思想政治理论课老师的业务素质。经过几年的努力，思政部已经初步建成一支政治立场坚定、理论功底扎实、专业门类齐全、年龄结构合理、具有精湛教学艺术和高尚人格魅力的马克思主义理论教学队伍。

（三）构建思想政治理论课教学的新模式

中央16号文件《关于进一步加强和改进大学生思想政治教育的意见》特别强调要充分发挥课堂教学在大学生思想政治教育中的主导作用。在课堂教学中，为使马克思主义理论与思想政治教育确实具有针对性与实效性，他们构建了新的教学模式。

1. 更新教学观念，转变教学模式

普通高校开设思想政治理论课的根本目的，不是为了培养理论家，而是要让当代大学生掌握马克思主义的立场、观点和方法，并在纷繁复杂的社会生活中，自觉运用这些立场、观点和方法来分析和处理不断遇到的新情况和新问题。因此，在新的历史条件下，紧紧围绕培养青年大学生的创新思维能力来讲好思想政治理论课，这是当前马克思主义理论与思想政治教育工作者必须要面对的重大课题。为了从根本上改变“一张嘴、一支粉笔、一块黑板、一本教案”的旧教学模式，几年来，他们广泛地引入网络、多媒体等现代化教学工具，课堂上基本上采用图文并茂、音像俱佳的授课方式。他们还通过组织学生参加创办杂志、撰写调研报告、进行专题讨论和网上交流等“第二课堂”活动，引导学生在实践中运用、验证所学的理论，受到学生的普遍欢迎。如教“概论”和“纲要”课的老师在教学中适时组织学生撰写“百年世博”、“近代史在广东”等方面的小论文，开办“培正学院政史大讲坛”等专题讲座，这些既激发了学生的学习热情，又彰显了思想政治理论课的针对性和实效性。

2. 把教材体系转化为教学体系，彰显每一门课的教学功能

“05方案”规定的五门必修课，形成了一个思想政治理论课教育的教材体系。按照中央的规定，思政部在人手紧、任务重的情况下，不仅四门必修课全部开齐，课时充分保证，而且每门课讲授时必须反映时代发展的最

新要求，反映理论研究的最新成果，立足于培养学生的创新意识和创新精神，体现马克思主义的科学精神和人文精神等。注重理顺各门课程之间的关系，妥善处理四门思想政治理论课之间的关系，坚持精简、有效的原则，坚持创新、管用的精神。

教师应认真开展多种教学改革活动，坚持集体备课、听评课制度；开展“精彩一课”、“课堂实践”等教研活动；采用“情境法”、“师生同上讲台”等教学方法和形式。

为了帮助学生系统掌握毛泽东思想、邓小平理论和“三个代表”重要思想等基本原理，坚定在党的领导下走中国特色社会主义道路的理想信念，“毛泽东思想和中国特色社会主义理论体系概论”课突出课内外教学实践，形成了教师与学生双向互动、探究式教学，“学、思、行”三位一体的教学模式；《马克思主义基本原理》主要是帮助学生树立马克思主义的世界观和方法论，从整体上把握马克思主义，正确认识人类社会发展的基本规律。他们把原理讲解与案例分析相结合，结合改革开放的实践和学生自身成长的经历，一改过去那种空洞的理论说教的经院式教学模式。

为了帮助学生了解国史、国情，深刻领会历史和人民是怎样选择了马克思主义、选择了中国共产党、选择了社会主义道路，“中国近代史纲要”课老师提出了“史论结合，论从史出”的授课思路，讲出了许多精品课。“思想道德修养与法律基础”课“主要进行社会主义道德教育和法制教育，帮助学生增强社会主义法制观念，提高思想道德素质，解决成长成才过程中遇到的实际问题”[3]。教这门课的老师把“思想道德与法律基础”课的教学内容分成四大块，即理想信念教育、道德修养教育、法律法规教育和心理素质教育，采用情境教学法将大学生的“适应心理”、“人际心理”、“爱情心理”等教育穿插在教学过程中，收到了很好的教学效果。

“形势与政策”课主要是帮助学生全面正确地认识党和国家面临的形势和任务，拥护党的路线、方针和政策，增强实现改革开放和社会主义现代化建设宏伟目标的信心和社会责任感。他们采用集体讨论和分工协作相结合的方法进行专题讲座，收到较好的效果。通过学习，学生能够运用所学到的知识和方法去分析现实生活中的一些问题，把理论渗透到实践中，指导自己的行为。据学生反映，“学校开设‘形势政策’课，让我们对一些社会热点问题的模糊认识及时得到厘清，更重要的是学会自己去分析和认识形势，这样的课程，我们真的很喜欢”。

3. 不断改进教学方法

在教学方法的改革方面，他们一改过去单一的说教式教学法，根据不同的教学内容和教育对象，采用不同的教学方法。在这方面，他们注重坚持几条原则，即教学设计要有新视野，要以激发学生的创新思维为导向；坚持“以学生为主体，教师为主导”的教学理念；重视创设开放、民主、和谐的教育环境和氛围。在课堂教学中，他们增设了“师生对话研讨”的教学环节，在教师的主持下对学生关注的重大理论和现实问题进行师生对话研讨，引发学生的学习主动性，培养学生的分析和解决问题的能力。他们还创设了情景教学法、歌曲渲染法、视频法、游戏法、讨论法、案例教学法等教学方法。在讨论式教学法中，“此起彼伏的发言，不同看法的交锋”使原以为很枯燥的“马克思主义理论”课变得生动鲜活；在情景教学法中，学生扮演不同的角色，演出生动活泼的小品，学生学习和思考的热情迸发出来了；在视频法教学中，“校园公德面面观”、“当代大学生的恋爱观”等学生自制的视频很吸引学生的眼球，效果自然就出来了。

为了深化教学方法改革，他们认真进行教学研究，在教研活动中，广大教师坚持集体备课和相互听课制度，共同探讨教育教学难题，总结教学经验，查找教学问题，攻克教学难关，宣传推广优秀教师的先进教学方法。2010 年至今，每个学期“原理”课和“形势与政策”课共进行了多次集体备课，收到了明显的实际效果。

教学方法的改革换来了教学效果的提升。学生不仅在态度上由原来的厌倦到现在的热爱，而且在行为上产生了巨大的变化，许多学生纷纷向党组织写申请书，要求加入党组织。

三、几点建议

为了进一步提升思想政治理论课教学的实效性，笔者建议：

1. 积极开展教学名师选树活动

创造条件，搭建平台，积极开展教学名师选树活动，进一步调动广大教师提升思想政治理论课教学实效性的积极性。要大力宣传，营造氛围，建议定期举行公开课、事迹报告会、经验交流会等活动，不断提高思想政治理论课教师的影响力，真正发挥优秀教师的典型示范作用。因为思想政治理论课教学名师，代表着思想政治理论课学科建设、队伍建设的优秀成果，标志着学生对思想政治理论课的高度认同，对于提高思想政治理论课学科建设水平，提高教师队伍整体素质，提高教育教学的吸引力和感染力，具有积极的作用。

2. 进一步加强思想政治理论课的学科建设

思想政治教育学科和马克思主义理论学科的设立，为大学生思想政治理论课奠定了学科基础。新五门思想政治理论课程中的四门："马克思主义基本原理概论"、"毛泽东思想中国特色社会主义理论体系概论"、"中国近现代史纲要"、"思想道德修养与法律基础"由马克思主义理论一级学科和六个二级学科支撑，其中"马克思主义基本原理"、"马克思主义中国化研究"、"中国近代史基本问题研究"和"思想政治教育"与新四门课程分别具有直接对应关系。要把思想政治理论课建设成为大学生真心喜爱、终身受益的优秀课程，离不开思想政治教育学科、马克思主义理论学科的强有力支撑。[4]

在党中央制定的关于高校思想政治理论课课程设置改革的"05 方案"中，不仅明确提出了大力推进思想政治理论课的学科建设问题，而且还具体提出了与高校思想政治理论课课程设置的改革相对应的马克思主义理论一级学科之下二级学科的设置。比如，"马克思主义基本原理研究"这个学科对应着"马克思主义基本原理概论"课程，"马克思主义中国化研究"这个学科对应着"毛泽东思想和中国特色社会主义理论体系概论"课程，"思想政治教育研究"这个学科对应着"思想道德修养与法律基础"课程等。在高校思想政治理论课的课程设置中，有一门课程即"中国近现代史纲要"课，是先定课程设置而后补设"中国近现代史基本问题研究"这一马克思主义理论二级学科的。这种精心的安排，为加强高校思想政治理论课程建设，培养思想政治理论课教育工作队伍提供有力的学科支撑。

在学科建设方面，我们虽然做了一些工作，但任重道远，今后我们必须全方位地加强思想政治理论课的学科建设。

第一，思想政治教育学科建设要牢固确立学科意识、学科建设意识，破除长期以来的"课程意识"。所谓学科建设意识，就是人们在推进学科发展中主动遵循学科发展规律、注重学科建设的自觉态度和意识。第二，要加强思想政治教育学科理论的科学研究。思想政治教育是一门科学，思想政治教育的理论研究与学科建设必须遵循科学性的原则，以科学的态度推进理论研究与学科建设。第三，以学科建设促进课程建设。思想政治教育学科建设的主要目标是通过建立和发展思想政治教育学科，科学揭示出思想政治教育实践的本质和基本规律，用正确理论指导思想政治教育的实践。而思想政治理论课是对大学生进行思想政治教育的主渠道，以学科建设促进课程建设是加强思想政治教育学科建设的应有之义。

3. 进一步加强科研工作

没有科研作支撑的教学是不可能上到一个较高平台的。即使现在教学水平比较高的老师，也很难与时俱进，很难提高到一个更高的水平。从某种角度说，科研改变教师的命运，科研造就名师。在这方面，我们虽然有一定的科研成果，但是我们老师的科研意识有待增强，科研内涵有待拓宽（注意与学科建设和课程建设相结合），科研层次有待提升，科研水平有待提高。

4. 继续推进教学方式和方法的改革

继续推进教学方式和方法的改革，讲求授课艺术和技巧，进一步增强思想政治理论课教学的实效性和吸引力。在确定好教材的前提下，青年学生对思想政治理论课教学内容的接受度与信任度，主要看教学的方式和方法。建立和完善基本理论课教学、学生参与式教学与辅助式教学三位一体的教学方式体系，在充分发挥教师主导作用的同时，大胆鼓励课堂提问交流，鼓励学生参与，同样要充分发挥学生的主体作用，并适当地以专题报告、专题讲座和观看音像资料等形式作补充，给学生提供独立思考的空间和拓展视野的机会。

参考文献

[1][3] 中宣部，教育部. 关于进一步加强和改进高等学校思想政治理论课的意见[EB/OL]. http://www.aiai.edu.cn/s/48/t/14/0d/3b/info3387.htm.

[2] 中共中央，国务院. 关于进一步加强和改进大学生思想政治教育的意见（〔2004〕16 号）[EB/OL]. http://www.crup.com.cn/Item.aspx? id=53622.

[4] 国务院学位委员会，教育部. 关于调整增设马克思主义理论一级学科及所属二级学科的通知（〔2005〕64 号）[EB/OL]. http://ziliao.hzu.edu.cn/s57178.html.

民办院校高等数学的教改探索

窦盼英

摘　要　在民办院校的大学数学教学中创立“课堂教学”、“实践教学”、“校园文化活动”、“三位一体”的创新型人才培养体系，在课堂教学中采用自主参与、合作交流、探索研究等新理念的教学模式、教学方法，并与课外实践及校园文化活动相结合，这种人才培养体系与策略对全面提高学生素质，培养学生的学习兴趣、学习能力、创新能力有着显著效果。

关键词　民办院校；创新人才；大学数学；教改思路

“创新是一个民族进步的灵魂，是一个国家兴旺发达的不竭动力。”人只有具备了创新能力才能真正具有核心竞争力！在当今世界多极化、经济全球化、科技进步日新月异、经济发展突飞猛进的时代，要实现国家的跨越式发展和中华民族的伟大复兴，关键靠人才，基础在教育，教育对培养创新人才的重要性和紧迫性毋庸置疑！[1]民办本科高校为社会培养了大量的优秀人才，是一支不可忽视的生力军，已经得到了国家和社会的认可。为适应全球化和国际化及未来发展需要，把改革创新作为三本高校发展的强大动力，大胆探索创新人才培养模式，促进学生全面发展，提高勇于探索的创新精神和善于解决问题的实践能力，总结提炼创新人才“三位一体”的培养体系，将“课堂教学、实践教学与校园文化活动”协调统一、有机融合，相互交叉、相互渗透、相互补充，形成一体化、科学化的培养模式和多元化、多层次、科学合理、系统完备的创新人才培养体系，是培养创新人才的重要途径。其内涵有四点：一是创新人才培养的新理念，课堂教学模式和优化的课堂教学结构；二是针对创新型人才培养所采取的实践训练方式；三是建立了与理论知识、实践训练相适应的校园文化活动；四是融理论学习、实践训练、校园文化活动为一体的创新型人才培养理论体系。确保创新人才培养质量的高效提高，实现培养高素质应用型创新人才的目标。

一、大学数学教学中“三位一体”人才培养的实践探索

（一）课堂教学

数学是一门重要的基础学科，其逻辑的严密性与应用的广泛性等特点是培养思维能力、应用能力、创新人才最好的载体。[2]数学在大学期间正是大学生培养思维能力和创造能力的关键。在数学课堂教学中，强化教学环节，教好每个学生，注重提供实际问题，创设问题情境，激发学生兴趣，诱发学习动机，引导学生主动学习、研究探索、合作交流，在知识产生、发展的过程中高效地培养学习能力、实践操作能力、创新能力。如对《微积分的研究对象函数》一章的学习，通过介绍函数产生发展的历史进程激发学生自主参与，诱发学生主动对函数一章进行归类总结。又如对于贯穿整个微积分过程的极限理论这个重点和难点，通过提供实际问题：①圆内接正多边形的面积；②曲线上某一点的切线斜率，并注意把单一、封闭、静态的形式逻辑思维提高到多维、开放、动静态相结合的辩证逻辑思维，使学生领悟数学思维中的哲学思想并在哲学思想的指导下进行数学思维，引导学生动脑思考、动手实践、发散思维、步步诱导、层层深入，使学生不但理解了极限的概念，掌握了极限的方法，而且感悟到过程与结果、变与不变、否定与肯定、有限到无限、量变到质变、近似到精确等对立统一的数学思想，不但为整个微积分的学习奠定了坚实的基础，而且也能够有效提高学生数学素养，培养数学能力。再如，对于微分和积分的应用，通过求导数计算实际经济问题的极值以及通过计算积分求曲边围成的面积和旋转体的体积等都需要判断力和想象力才能解决问题。要从已知量出发，通过对已知量和目标结果的联系，运用数学的各种运算最终得到正确的结果，这样处理问题的一种程序就是数学中的思想和方法。拥有数学中一个良好的思想、一个正确的思路、一个有创意的解法等就像拿到了一把解决实际问题的金钥匙，可有效提高人的能力中层次最高的思维能力，从而达到培养高水平创造型人才。在课堂教学中倡导启发式、探究式、讨论式、参与式教学法，如案例教学法、“五步”教学法、启发讨论法、问题教学法及多种适应的教学模式。又如分层教学模式、强化活动教学模式、合作学习教学模式、探究型教学模式、创新型教学模式等激起学生的好奇心，营造独立思考、自由探索、勇于创新的良好环境，帮助学生学会学习、学会

思考，培养创新能力。

（二）实践训练

课外实践是巩固理论知识和加深对数学知识理解的有效途径，是培养高素质创新人才的重要环节，是理论联系实际、培养学生掌握科学方法和提高动手能力的重要平台，在课堂教学注重参与探究的基础上，要注意配合课外实践，围绕课堂教学的问题在课前或课后布置学生实践作业，如针对函数一章的复习，让学生归类总结。又如极限理论的探究，在课前布置实际问题：如刘徽的割圆术“圆内接正多边形的面积”和“曲线上一点的切线斜率”等引导学生探索，指导课外实践。[3]要构建一个特色的、实用的、与时俱进的实践教学体系，提出实践的具体内容、目标且不能仅停留在认识状态，要注意监督、考核、评价，切实落实到位，高效实现以素质教育为核心，思维能力、应变能力为关键，应用能力为主线的实践教学目标，在教师的组织和指导下，通过实践活动把书本知识运用于实际的教学环节，配合理论教学使学生亲身经历和体验，培养学生分析和解决问题的能力及创新意识、创新思维，创新精神和创新能力。

（三）校园文化活动

校园文化活动是以学生为主体，以课外文化活动为主要内容，以校园为主要空间，以校园精神为主要特征的一种群体文化。[4]数学教学配合校园文化不仅可以渲染文化氛围而且能够启迪学生心智，强化思维特征，有助于提高学生思维能力和精神文化，在课堂教学、实践训练的基础上，要注意配合课外“指导组”、“合作组”二组融合，“兴趣组”、“指导组”、“合作组”三组互动的培养策略，另外还有“网络查新组”、“职业组”等，通过组织数学活动，如配合课堂教学的数学讲座、数学黑板报；兴趣组组织对数学感兴趣且数学基础好的同学指导全班的学生搜集疑难问题及解答，针对数学内容的学习对于有关数学家的故事、数学发展史、数学典型习题解答与拓展创新等内容举办数学手抄报；建立数学竞赛组、数学建模组、考研组等，搜集整理相关资料、题目及典型题目解答；网络查新组查阅数学发展最新成果、现代数学术语及符号；职业组了解职业需求及工作中遇到的数学疑难问题并探索解答。在文化活动中激发学生研究的热情，培养钻研的习惯，从而强化数学思维，促进创新能力的发展。

二、创新人才的全方位全过程培养

根据大系统理论，创新人才培养体系：通过分解—协调—集结等方法，将控制理论中的稳定性理论、最优化控制理论、多变量控制理论和运筹学理论相结合，使课堂教学、实践教学及校园文化活动进行分项控制协调集结，实施全方位、全过程、全员培养创新人才，注重以数学为载体，以创新能力、应用能力培养为目标，紧紧围绕优化人才综合素质这条主线；坚持理论够用、技能过硬两条主线，建立“课堂教学”、“实践教学”、“校园文化活动”、“三位一体”的培养体系有机结合，相互联系、相辅相成、各有侧重，构成一个以创新人才培养为目标的科学完整体系。在这一体系中充分发挥现代教育技术及整个体系的综合作用，更好地优化创新人才培养结构。要注意课堂设计“一体化”，课程实施“一体化”，人才管理“一体化”，评价策略“一体化”，保障机制“一体化”。如果把创新人才培养看作一个球体的话，能力培养可看作球的经线，“课堂教学”、“实践教学”、“校园文化活动”三个内容领域是球的纬线，它们互相交织组成球的球面，经纬线的交点指向学生的综合素养，球心是培养创新型人才综合素质。

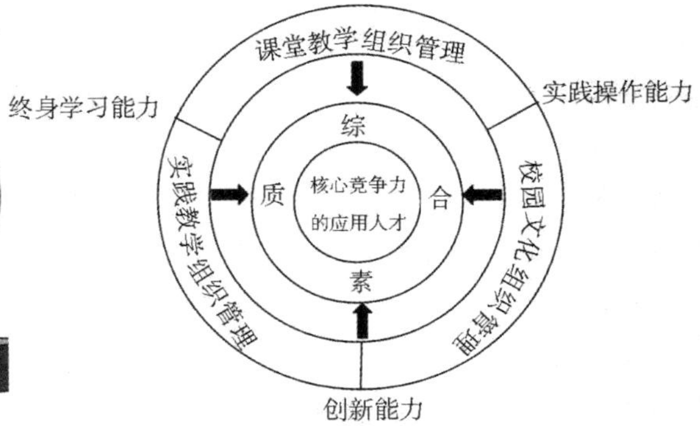

三、民办院校数学教学创新的改革思路

（一）公立院校创新能力培养的实施

当今世界各国，尤其是发达国家已经深刻地认识到把高等数学的教与学、实际应用与创新精神、创新能力有机统一起来，已经成为科学理解和

把握教学概念的时代要求和进一步深化教学改革的必然趋势。我国重点大学在强调“学校教育培养模式改革要与家庭教育、社会教育结合”的培养渠道基础上也早已重视了学习教育对创新能力的培养。如南开大学早在2002年就已将创新能力培养视为首要关心的问题进行了一系列的改革，[6]首先结合行业特点和发展要求从课程设置及教学内容上制定具有针对性的培养计划和教学大纲，在教学方式上以培养创新能力为核心，采用研讨、案例等形式多样的授课方式，瞄准国内外行业需求制定培养目标，造就了一批又一批的创新型人才，充分表明了培养大学生创新能力的重要性。

（二）民办本科高校培养创新能力的改革思路

民办本科高校与公办院校相比，除了办学主体不同以及由此产生的某些机制不同以外，公办本科院校在办学规范、办学质量方面能做到的，民办本科院校同样能做到。广东培正学院领导审时度势，抓住了培养学生创新能力的质量标准，精心策划，系统部署，不失时机地成立了创新创业学院，围绕创新创业的特点及社会需求制订了实施方案，在专业设置、教材建设、团队建设等方面进行了一系列的改革，如实行实验室开放、实践教学课程化、设立课外学分等。但是，由于三本学生基础差、学习热情较弱、接受知识较慢，要实现创新能力的顺利培养必须在坚持以创新能力为核心的培养定位基础上，丰富基础知识（创新的雄厚根基），培养敏锐的思维能力（创新能力发展的重要途径），全面的智力发展（创新的重要源泉），培养良好的人格品质（创新能力的保证）等，这些都需要在我们的课堂教学、课外实践和校园文化活动中系统的、全方位、多角度、多元化地去实施培养，要求必须有计划地培养教师梯队首先具备创新思想和创新意识。在教学方面改进教学内容和教学方式方法，采用启发式、研讨型的教师为主导、学生为主体的教学模式，讲关键的内容说明道理，不是满堂灌输书本知识，要启发学生思考，善于提出问题和分析问题，培养解决问题的能力和应用能力，营造自由讨论的氛围，经常交流与研讨，引导学生不断了解和掌握科技发展前沿及社会需求的知识，调动自主学习积极性，培养学生捕捉灵感的能力、逻辑思维的能力，形成正确的思维方式和想象力。围绕课堂教学有意识地布置实践课题及校园文化活动内容，强化实践能力和职业素质培养，积累丰富的知识和经验，尽早让学生参与科技实践活动，发挥校企双导师和学科导师组作用，帮助学生了解企业需要、运作方式，体验企业文化，发现、分析、评价实际工作中的问题，互教互学，创新活动，把握培养全过程，并实行学校、用人单位、学生三个尺度的立体评价，拓展领域前沿视野，解决企业实际问题，提高自身能力。真正成为社会的有用人才！

参考文献

[1] 刘东波，窦盼英. 创新高职人才培养策略与途径研究［R］. 河南省政府发展研究中心，2009. 12.

[2] 郑兆顺. 新课程数学教学法的研究与实施［M］. 北京：国防工业出版社，2007.

[3] 杨军星. 极限思想的实际应用分析［J］. 黔南民族师范学院学报，2009（3）：81 ~ 85.

[4] 百度百科. baike baidu com/2013 – 04 – 26.

[5] 百度百科. baike baidu com/view/408…htm.

[6] 百度百科. http：//www. sina. com. cn.

民办高校公共体育理论教学创新模式探索

赖锦松

摘　要　当前民办高校公共体育理论教学的不规范现象普遍存在，严重影响民办高校体育文化素养的提高。发展体育引导理论课、体育多媒体理论课与在运动实践教学中渗透理论知识相结合的体育理论教学创新模式，对于更好地实现民办高校公共体育课程目标，以及更好地实现民办高校人才培养目标，具有十分重要的现实意义。

关键词　民办高校；公共体育；理论教学；创新模式

体育理论是高校公共体育教学不可缺少的部分，是体育文化教育的重要内容。良好的体育理论教学对于提高大学生体育素养、文化修养，科学参与体育，建立“健康第一”和“终身体育”观念都起着至关重要的作用。然而，近些年来，我国普通高校公共体育教学重实践轻理论的现象越来越普遍，[1]发展中的民办高校多数都照搬公办高校公共体育教学模式，受课程建设、教学管理等多因素不健全影响，轻理论现象更为严重。调查显示，民办高校除个别本科院校开设体育理论教学外，专科院校几乎未开设此课程，[2]这说明民办高校生在体育文化教育上严重缺失，也从侧面反映出民办高校生文化修养底子薄弱。长此以往，民办高校生在专业素质并不占优势的情况下，综合素质也不高，将无法适应社会需要，也将导致民办高校生的社会认可度下降，这不得不引起我们深思。

民办高校培养的人才想要与公办高校一样获得当今社会认可，就要从办学的各个领域去探寻错位式、创新式发展的道路，利用办学和管理机制灵活的优势，大力支持创新思维与实践。[3]为此，研究科学的、符合本校发展实际的体育理论教学模式，对于更好地实现民办高校公共体育课程目标以及人才培养目标，都具有十分重要的现实意义。

一、民办高校公共体育理论教学现状

2002 年教育部新颁布的《全国普通高等学校体育课程教学指导纲要》（以下简称《纲要》）明确指出：“要重视理论与实践相结合，在运动实践教学中注意渗透相关理论知识，并运用多种形式和现代教学手段，安排约 10% 的理论教学内容（每学期约 4 学时），扩大体育的知识面，提高学生的认知能力。”[4] 毫无疑问，纲要也适用于民办高等学校。然而，调查现状显示，民办高校公共体育的课程建设还处在起步阶段，多数民办高校执行《纲要》力度不够，对体育理论教学的要求低，传授体育理论意识淡薄，更谈不上理论教学效果的好坏。

（一）教学大纲不明确，理论教学要求低，课时无保障

由于民办高校建校晚，起点参差不齐，在本校体育教学大纲中对理论教学要求中起点低。民办院校在创办之初，多数借用公办高校的体育教学管理制度，在教学大纲中提出了相应的理论教学要求，但受到教学条件或主管领导重视程度的制约，开展体育理论教学执行度差，课时量不定。普通民办本科高校多数对体育理论教学要求并不明确，在大纲中自圆其说，扩招以来学科发展很少关注体育，体育理论教学开展少；一些民办专科高校的教学大纲更是含糊其辞，对体育理论教学几乎无要求，加之受制约因素甚多，几乎没有理论课时。近些年，受到公办高校体育理论教学有所松懈的影响，民办高校体育理论教学普遍不按《纲要》执行，极个别民办院校开展体育理论教学采用上大课或讲座形式，完成课时量也明显不足，多数在运动实践教学中完成所谓的“渗透理论”，接受体育文化教育的学生数量明显很少。

（二）理论教学内容陈旧，随意性大

由于普通高校公共体育理论知识体系缺乏系统性归纳，教学中部分责任心强的教师也只是挑自己熟悉的内容讲授，实践教学中渗透理论知识的情况就难以界定了。随着社会文明的飞速发展，体育理论知识也快速向各学科领域延伸，缺乏新文化接触的体育教师个体难以归纳庞大的知识体系，有限的课时也无法追求大而全的内容，只能拿着有限且陈旧的理论从事教学，主管校领导也只看重教师是否带着学生积极运动，其他的则由教师们

自由发挥，结果导致随意教学的现象普遍存在，理论教学效果就不言而喻了。

（三）理论教学形式与方法落后

在教学形式上，长期以来民办高校注重运动实践教学，体育理论主要采用在运动实践中“渗透式”的教学形式，极个别高校采用“纯”理论的大课、讲座等形式，且多数运用传统的讲授方法，很少借助实物、图片、计算机、录像等现代教学手段。一些高校总以教学资源有限为由不安排理论教学的教室，体育教师只好自己找空地教学，其教学过程枯燥无味，也无暇顾及学生是否接受，而主管部门不强调理论教学的要求，理论考核也逐步淡化。

（四）体育理论教与学的意识淡薄

从领导层面上讲，由于多数民办高校自身还处于积累期，生存发展问题还摆在第一位，领导层很少考虑重视体育教学对民办高等教育发展的影响，[5]自然重视体育理论教学的意识淡薄。从教师层面上讲，体育教师从事运动实践教学轻车熟路，在没有硬性要求的情况下，多数教师不愿去从事不熟悉的体育理论教学，更不愿花时间去备课，没有意识到传授体育理论也是体育教师不可推卸的职责。从学生层面上讲，由于长期得不到良好的引导和教育，理论知识又难以与运动实践相结合，理论学习抽象、枯燥乏味，学生自然不愿意听，甚至厌倦体育理论，根本意识不到掌握体育理论对认识、参与体育的重要性。

二、构建民办高校特色的公共体育理论创新教学模式

对比1992和2002年两部《全国普通高等学校体育课程教学指导纲要》，不难看出体育理论的教学学时在减少，从不少于12%减少到10%左右。一些高校认为这是弱化体育理论教学的信号，其实不然，这是给高校体育理论教学提出了更高的要求。[6]面对新形势，不能以更难组织为由，淡化甚至取消体育理论教学，民办高校应抓住机遇，有必要结合本校实际，构建民办高校特色的公共体育理论教学创新模式，即通过引导理论课、多媒体理论课与在运动实践教学中渗透理论知识相结合的体育理论教学创新模式。

（一）引导课——引导学生了解体育

理论引导课（2 学时）通常在开学第一周进行，第一周学生还未充分准备好本学期该学些什么和如何参与体育，而且第一周从生理上说，学生松懈的身体还不宜组织剧烈运动，而此时安排理论学习使学生容易静下来，通过引导课使学生了解本学期学习内容以及如何提高学练效果。引导课主要传授体育理论的知识点，注重广度，避免深度，体现一定的学习规律和知识层次，经归纳如表 1 所示：

表 1　公共体育理论引导课的知识点与教学目的

学期	知识点	教学目的
第一学期	体育人文学、高校体育文化、体育与各学科的发展（包括：经济、科技、生理、心理、美学等）。	培养学生了解体育文化、关注体育的发展。
第二学期	体育与健康（包括：保健、损伤处理、营养等）、体育与健身（包括：方法、体质测量、评价等）。	培养学生了解如何健康体育，懂得科学参加体育活动。
第三学期	竞技体育（包括：国际、国内等）、大众体育（包括：国家、学校、社区、企事业单位等）。	培养学生关注竞技体育，积极参与大众体育。
第四学期	快乐体育、终身体育、社交体育、体育精神。	培养学生体育价值观、道德观提高文化素养。

（二）激发学生兴趣，培养自学体育理论知识

通过引导课，在学生初步了解本学期体育理论涉及的知识领域内容基础上，以激发学生求知欲为目的，布置相关书面作业，如结合实际查阅有关资料文献撰写某领域体育小论文，或通过体育问卷调查撰写调查报告等，规定上交时间，将其成绩并入学生学期学习评价体系，激励和引导学生深入了解体育知识，培养学生自学体育理论，从而拓展学生知识面，提高学生文化素养。

（三）多媒体课——为学生终身体育奠定扎实基础

多媒体是当前公认的现代教学手段，但运用多媒体教学应避免重复引

导课内容或涉及纯理论知识太多，结合实践教学中体育运动项目的内容进行。多媒体理论课（2 学时）内容主要包括：通过图片、视频、多媒体课件等形式学习体育项目的起源与发展、技战术动作展示与分析、竞赛规则与裁判等，目的是提高学生对该项目技术技能的深入了解和掌握，体现实用性，从而更好地为终身体育奠定扎实基础。（如表 2 所示）

表 2　公共体育理论多媒体课的知识点与教学目的

项目类别	知识点	教学目的
大球类（篮排足）	项目起源与发展、集体战术分析、竞赛规则与裁判法。	基本技术视频展示、基本了解项目由来、技术、战术，懂得欣赏比赛。
小球类（乒羽网）	项目起源与发展、基本技术、战术展示、练习法视频展示、竞赛规则与裁判法。	基本了解项目由来、技术、战术，懂得如何比赛。
非球类（武术、健身健美、轮滑等）	项目起源与发展、基本技术动作视频、练习与健身方法、竞赛规则与裁判法。	基本了解项目由来、技术、练习法，懂得欣赏。

（四）在运动实践教学中渗透体育知识

运动实践课是体育教学的主要部分，也是学生最受欢迎的教学过程。此过程学生最容易和最主动接受知识，教师在技术、技能教学的同时穿插讲解体育理论效果较好。在运动实践教学中渗透的体育知识主要包含：技战术发展、目前国际国内赛事状况、优秀运动员介绍、运动礼仪、体育道德、卫生保健等。教学方式包括：空闲之余集体讲解、解答学生疑惑问题、深入学生交流探讨等，充分利用整个教学过程让学生了解更多与运动有关的理论知识或提供获取知识的途径。

三、构建公共体育理论创新教学模式应解决的问题

（一）领导重视，营造校园体育文化氛围

民办高校主管教学的领导和主管体育教学的负责人都要充分认识到传授体育理论对培养全面人才的重要性。积极组建教学团队，研究构建符合

本校实际的体育理论教学模式；组织体育教师归纳体育理论知识点，指定相关项目教师制作理论课件，鼓励教师从事体育理论教学研究；重视校内体育文化的宣传，张贴体育运动口号、标语，通过墙报、广播、校园网等传播体育文化；重视群体活动的文化宣传，积极组织各种体育文化类活动和体育类讲座的开展。总之，营造良好的校园体育文化氛围。

（二）在大纲中明确理论课时数和教学措施

重视本校体育教学大纲的修订，结合2002年教育部《纲要》要求，明确体育理论课时数为4学时，规定第一周为理论引导课（2学时），讲授相关的理论知识点，要求学生课后查阅或调查相关体育信息，完成小论文或调查报告等；规定一学期中再任选一周为多媒体理论教学课（2学时），讲授所学运动项目的起源与发展、技术与战术、规则与裁判等理论知识；规定在实践教学中紧密结合运动渗透体育知识，内容可更广泛。

（三）制定体育理论知识体系

归纳体育理论知识体系是一项大工程，虽然一些优秀教材和规划教材中已有较全面展现，但笔者认为体育理论知识体系有必要结合本地区或本校实际，根据引导课、多媒体课、实践课渗透这三方面来制定，尤其民办院校应组织骨干教师结合有限的课时制定，避免搞大而全。对于引导课应该体现学生渴望了解的知识点为主，且容易深入又不难获取和懂得的知识，尤其关注焦点问题；对于多媒体课应该体现实用性，将理论与实践教学内容紧密结合，使学生学有所用；对于在实践课中渗透的知识，应该体现以点带面，指导与探讨结合，广泛渗透德育、美育、人文、卫生保健等知识。

（四）合理利用和调配教学资源

理论引导课可安排在运动场周边空地（有条件的在课室），关键是教师讲授要生动，知识点要吸引学生注意，最好充分利用运动场的空间进行师生互动交流教学；多媒体理论课则必须安排在多媒体课室，由于教学内容是实践教学内容的补充，因此安排在学期的任意教学周上课均可，结合本校多媒体课室数量状况，上课班级可错开教学周进行，由教务处和体育教学部门调配，做好充分利用有限教学资源，有条件的高校结合学校规模，有必要建设体育专用多媒体课室，可广泛用于教学、群体训练、科研等。

（五）提高教师理论水平、业务能力

体育教师的理论知识通常都是学生时期积累的。社会在发展进步，原有的体育知识不更新是无法适应现代教学和解答学生疑问的。因此，体育教师应该不断自学提高，多听同行教师的理论课，不断丰富教学方法，校方应支持教师参加相关业务培训，积极组织教研活动和教学交流，鼓励有能力的教师开设体育专题讲座，并逐步成为体育理论教学的补充。

四、结论

开展公共体育引导理论课、体育多媒体理论课与在运动实践教学中渗透理论知识相结合的体育理论教学创新模式，符合《纲要》要求，推动了民办高校体育教学的发展，同时也有利于更好地完成公共体育课程目标和完善课程建设。随着社会力量兴办高等教育的数量规模不断增长，民办高校在办学质量上必须落实全面人才的培养，结合自身灵活机制，加快改善学生体育文化素养，支持体育理论教学创新模式推动学生综合素质的提高，只有学生发展了，民办高校才会越来越获得社会的广泛认可。

参考文献

[1] 曾吉等．我国普通高校体育理论课教学调查分析［J］．体育学刊，2007（1）：95～98．

[2] 赖锦松．广州地区高校公共体育理论多媒体教学现状与反思［J］．长江大学学报，2011（10）．

[3] 鞠光宇．民办高等教育可持续发展战略分析［J］．国家教育行政学院学报，2010（7）：43～47．

[4] 国家教委．全国普通高等学校体育课程教学指导纲要［Z］．2002．

[5] 易大方．我国民办高校发展路径的探索与展望［J］．教育与职业，2010（11）：20～22．

[6] 王丽娟．上海市普通高校体育理论课程现状的调查研究［J］．首都体育学院学报，2008（5）：90～92．

师德建设

教书育人“12345”

——对民办高校师德建设的哲学思考

陈冀平

摘　要　教育部《关于进一步加强和改进师德建设的意见》明确提出：加强和改进师德建设，要以热爱学生、教书育人为核心，强化师德教育，不断提高师德水平。“教书育人”这个师德建设的核心，从哲学层面，特别是从马克思主义哲学层面上看，就是如何科学与艺术地把握教书育人，以充分发挥出教书育人的无穷威力，努力为国家和社会培养大批德、智、体、美全面发展的社会主义建设者和接班人。

关键词　教书育人；民办高校；师德建设；哲学思考

“国家大计，教育为本；教育大计，教师先行；教师大计，师德为首”。教育部《关于进一步加强和改进师德建设的意见》明确提出：加强和改进师德建设，要以热爱学生、教书育人为核心，强化师德教育，不断提高师德水平。[1]

教书育人的内涵主要有三点：既教书又育人，既教书更育人，寓育人于教书之中。

教书育人是一门科学，也是一门艺术，应当把科学与艺术有机结合，充分发挥出教书育人的无穷威力，努力为国家和社会培养大批德、智、体、美全面发展的社会主义建设者和接班人。而要有效做到这点，就必须从哲学层面，特别是从马克思主义哲学层面来把握，努力做到教书育人“12345”，即一个中心、两个基本点、三借、四搏、五化。

这对于所有高等学校都需要，对于民办高等学校尤为需要。因为，民办高等学校已成为我国高等教育的重要组成部分（根据教育部网站提供的“2011 年教育统计数据”，我国普通高等学校 2 409 所，在校生 2 308. 5 万人，其中民办高等学校 698 所，在校生 505. 1 万人。民办高等学校数量与在校生数量占总数的比例分别为 28. 9% 和 21. 88%，为五分之一强），而其录取学生则是高考相对低的分数。如果没有一支师德良好的教师队伍，就根本无法把这一批一批的民办高等学校学生培养好。不仅如此，还将严重冲击其他公办高等学校的培养工作，从而严重制约和影响我国高等教育的整体健康发展。

一、一个中心：一切为了每一个学生的可持续发展

这里有五个关键词：一切、每个、学生、可持续、发展。一个学校的中心是学生的发展，而不是其他。当然教师要发展，管理人员要发展，学校也要发展，但这一切发展，根本还是为了学生的发展。每一位教育工作者切不可主次不分、舍本逐末，甚至本末倒置。

同时每位教育工作者还必须深刻认识并身体力行："发展"应是"每一个"学生的发展，而绝不是部分甚至少数学生的发展；"发展"是"可持续"的发展，绝不是急功近利、鼠目寸光，更不是"停滞"不前，甚至复古"倒退"。

"可持续发展"被广泛认可的定义是："既满足当代人的需求，又不对后代人满足其自身需求的能力构成危害的发展。"[2]"所谓可持续发展，就是既要考虑当前发展的需要，又要考虑未来发展的需要，不要以牺牲后代人的利益为代价来满足当代人的利益。"那么，具体到学校教育，所谓可持续发展，就是既要考虑学生当前发展的需要，更要考虑学生未来发展的需要。因为，学生代表着未来。此外，还要特别强调的是"一切"。即我们学校的全部人员而不是部分人员，我们学校的全部工作而不是部分工作，我们学校的全部时段而不是部分时段，都是"为了每一个学生的可持续发展"。这是需要时刻牢记并切实执行的。

总而言之，学校要始终坚持的一个中心就是：一切为了每一个学生的可持续发展。

二、两个基本点：相信学生、依靠学生

相信群众、依靠群众是马克思主义的科学世界观和方法论的集中体现，是我们党和国家取得一个又一个胜利的法宝。具体到高等学校，就应当是相信学生、依靠学生，因为学生是高等学校的最大群体，通常占高等学校总人数的90%以上。此外，高等学校就是为学生而设立的，没有学生就没有高等学校。通观古今中外的所有高等学校，凡是这样做的，其工作就必

定卓有成效；反之，不管如何努力成效都不大。

相信学生，就是充分信任学生，不怕他们出问题、允许他们出问题、容忍他们出问题，让他们在大胆实践探索中，在解决问题、修正错误中成长、成熟。通过相信学生，培养学生的诚信意识、民主意识、敢闯意识、敢创意识。

依靠学生，就是放手使用学生，充分调动与发挥他们的积极性、主动性与创造性，让他们自我教育、自我管理、自我创造、自我发展、自我提高、自我完善。通过依靠学生，培养学生的主人翁意识、主体意识。理论与实践告诉我们：相信学生、依靠学生，是高等学校教育教学工作的根本出发点；相信学生、依靠学生，是搞好教育教学工作的根本途径。

但在实际工作中，民办高等学校的教师与管理者，往往把学校教育教学工作搞不好的原因归结为学生素质太差，其依据就是学生高考分数太低。这是完全错误的，是违背马克思主义唯物辩证法论断的。这使我们不由得想起毛主席的一句话："'对牛弹琴'这句话，含有讽刺对象的意思。如果我们除去这个意思，放进尊重对象的意思里去，那就只剩下讥笑弹琴者这个意思了。"[3]

目前，造成民办高等院校学生层次参差不齐的主客观因素较多。从生源看，报考民办高等学校的一般是达不到公办普通高等学校本科分数线的学生；从学生个体方面分析，这批学生一般文化基础较差、自制力能力较弱，普遍存在自卑心理（主要对自己没有信心），且没有养成良好的学习习惯，没有掌握好的学习方法。

尽管如此，我们仍然应当在任何时候、任何地方、任何情况下，坚持"相信学生、依靠学生"这两个基本点，这是根本原则，也是世界观问题、立场问题。工作没做好，应当多从教师与管理者自身找原因，而绝不能一味地责怪学生，归罪于学生。"没有教不好的学生，只有不会教的老师"，这句话是有着深刻的哲理的。这就是教育的前提，也就是我们每个教育工作者的信念和追求。只有这样，我们才能永不满足，绝不放弃，"教好"所有的学生，让每一个生命都焕发出瑰丽的色彩！

"世上无难事，只要肯登攀。"[4]

"没有做不到，只有想不到。"

"世界上怕就怕认真二字。"[5]

三、三借：借力使力、借力打力、借脑用脑

“借力使力、借力打力、借脑用脑”的宗旨是：教师要充分发挥主观能动性，尽可能地调动一切可以利用的资源，并创造性地发挥这些资源的作用去充分调动与发挥学生的积极性、主动性、创造性，充分挖掘他们的潜能，使每一个学生都在自身原有的基础上得到充分的可持续发展。

“借力使力”，就是充分调动学生的主观能动性，借学生自身之力给力，“四两拨千斤”。

“借力打力”，就是借学生自身之力，实现自我约束、自我教育、自我管理，花最小的气力，取得最好的效果。这里的“自我”，既指作为个体的学生，也指作为群体的学生。

“借脑用脑”，就是借学生自身之脑，充分发挥他们的聪明才智，集思广益，群策群力，去克服前进道路上的各种困难和问题。

推而广之，“借力”之“力”就是借天地人之力，即一切外力和资源。比如，仅借信息化之力，就可以做出无限的华美文章来。

四、四搏：以无搏有、以小搏大、以弱搏强、以新搏旧

“新陈代谢是宇宙间普遍的、不可抗拒的趋势和规律。”[6]在自然界和社会生活中，总是新生事物战胜并代替旧事物。整个自然界和人类社会发展的历史，就是一部新生事物发生、发展与旧事物不断衰亡的历史。

根据马克思主义的唯物主义辩证法，新生事物的发展，从来就是一个从无到有、从小到大、从弱到强，代替旧事物的过程。任何新生事物，开始都是弱小的，甚至是脆弱的，有很多缺点，不完善的，但是他们同时又是有着顽强的生命力和百折不挠的精神，处在不断成长、不断进步、不断完善的过程之中。满腔热情地扶植和支持新生事物，以开放、宽容、乐观的姿态对待新生事物，不断为新生事物的成长壮大开辟道路，这是马克思主义者对待新生事物应有的正确态度。

从某种意义上说，每一个学生都是新生事物。那么作为人民教师，首先必须要像对待新生事物那样，满腔热忱、充满关爱、平等地对待每一个学生，让每个学生都能从教师那儿得到关爱、受到鼓舞、获得启迪，汲取到成长前进的无穷动力。更重要的是，作为人民教师，要遵循人才培养规

律，因人施教、因人施育、因人施导，使每个学生都能自觉和比较自觉地遵循新生事物的发展规律，在成长过程中以无搏有、以小搏大、以弱搏强、以新搏旧，人人都健康地成长为社会的有用之才，不断为社会做出应有的贡献。

五、五化：化被动为主动、化不利为有利、化消极为积极、化坏事为好事、化腐朽为神奇

一个人、一个单位、一个民族，乃至一个国家，由于各种主、客观原因常常会处于各种不利、被动状态之中，也必然会遇到各种各样的问题和困难乃至坏事。教师也不例外，尤其在民办高校，问题和困难则更为突出。

面对这些情况，首先，我们每个教育工作者要有一个正确积极的态度，懂得这是工作的常态，事物的发展往往就是这样的；其次，我们需要每一位教师，敢于和善于运用马克思主义哲学观点，努力去做转化工作。其实，革命者的天职就是做转化工作，即促使事物向好、向上发展。因此，教师的天职不仅要求每一位教师必须努力使自己成为善于做转化工作的能手、高手，还必须努力教育、引导、培养、培育好每一位学生的转化能力。让他们坚定转化的信心与恒心，增强转化的力量，掌握转化的方法，个个朝着积极向上的方向发展，共同营造一个“化被动为主动、化不利为有利、化消极为积极、化坏事为好事、化腐朽为神奇”的人才成长大环境。要坚决扭转“有教无育”、“有管无理”的肤浅被动的状况。这里要特别提到“化腐朽为神奇”。教师的天职，要求每一个教师都应当努力培养自己具有“点石成金，化腐朽为神奇”的能力。为此，每一位教师首先必须要树立“三百六十行，行行出状元”、“人皆可以为尧舜”[7]、“人人是创造之人”[8]的理念，才能使“人人都能成才”的科学人才观深入人心，并成为全体学生的自觉行动。事实上，人不缺才能，缺的是发现；人不缺潜力，缺的是发挥潜力的平台。俗话说，“鲁班眼里无废料”，如果教师能用欣赏的眼光看待每一个学生，善于发现每一个学生独特个体的独特潜能，挖掘并发挥其所长，每一个学生都必将成为有用的人才，为社会做出应有的贡献。

中华民族要重新崛起并为人类做出伟大的贡献，高等教育的普及化是必经之路，而民办高等学校则是实现这一伟大目标的强大生力军，发挥着重要作用。努力吧！每一位从事民办高等学校工作的教育工作者！让美好的未来在我们共同的不懈努力中早日到来！

参考文献

[1] 教育部．教育部关于进一步加强和改进师德建设的意见（〔2005〕1号）[EB/OL]. http：// www. bhi. edu. cn/index. php/default/myc.

[2] 可持续发展 [EB/OL]. http：// baike. baidu. com.

[3] 毛泽东．反对党八股 [EB/OL]. http：// baike. baidu. com.

[4] 毛泽东．水调歌头・重上井冈山. http：// baike. baidu. com.

[5] 毛泽东．1957年11月17日毛主席在莫斯科大学接见中国留学生时的讲话 [EB/OL]. http：// www. doc88. com/p－0177031775...html.

[6] 毛泽东．矛盾论 [M/OL]. http：// baike. baidu. com.

[7] 百度百科．人皆可以为尧舜 [EB/OL]. http：// baike. baidu. com.

[8] 陶行知．创造宣言 [EB/OL]. http：// wenku. baidu. com/view/9be488e90975f46.

论市场经济条件下民办院校的师德建设

邹淑珍

摘　要　在市场经济条件下，高校的师德建设受到负面影响，出现较多师德失范现象。应从学习师德理论、参加社会实践、开展批评与自我批评等方面提高师德修养，加强新形势下的师德建设。

关键词　民办院校；师德；以身立教；为人师表

在市场经济条件下，由于我国陷入一种道德缺失的尴尬境地，享乐主义、拜金主义也不时侵袭着高校这片纯真的土地，给我们带来了巨大的挑战。问题主要表现在师德建设方面，少数教师的职业道德出现了下滑趋势。以广东某民办高校为例，出现了职业理想和信念动摇、职业情感淡漠、职业行为失范等师德失范的现象。不能正确处理“个人发展”和“物质利益的关系”、“精力投入”与“利益回报”的关系、“教书”与“育人”的关系，出现了“人生理想讲实际、价值标准讲实用、个人幸福讲实在、行为选择讲实惠”的倾向。有的对教学缺乏热情，对学生不负责任；有的重科研、轻教学；有的在学术上心力浮躁，急功近利，缺乏团结协作精神；也有的只顾业务，不问政治。具体说来，大致有如下几种表现：

第一，缺少献身教育的精神，工作责任心不强。一些教师满足于现有水平，不深入钻研教材，不认真探讨教学方法，不与学生深层次地沟通，处在一种得过且过的状态；有个别教师缺乏起码的职业道德，上课无教案、无课件、无板书，是典型的“三无”老师；有原封不动使用从网上下载与教学大纲但和教材相差甚远的课件在教室讲课的老师；有少数老师缺少教学基本功，只会将书本上的内容简化到PPT上，照“屏”宣科，离开PPT不会讲课，多次发生在上课过程中突然停电，上课的教师居然宣布等来了电再继续讲课的怪现象，足见少数教师患了PPT依赖症；有老师在课堂上只讲学术自由、不讲政治纪律，甚至极不负责地向学生宣扬消极思想，散布一些与中央精神不相符合的话；还有一部分开设公选课的青年教师知识面狭窄，对课程内容把握肤浅，不会归纳提炼，只会拼凑一些既无学术内涵，又无思想深度的东西敷衍，课堂上照本宣科。

第二，缺乏对学生的关爱，带有事不关己，高高挂起的态度。有不认识自己的学生，对班干、团干建设很少过问的班主任老师；有对学生的思想动态一无所知、班集体活动鲜见其身影的辅导员老师。

第三，缺乏敬业精神，师表形象失常。有些老师自己不按时到课，下课拖堂或提早下课；从不对学生进行组织纪律和行为规范教育，对学生的出勤状况不闻不问；某些专业教师对考题不负责任，一份试卷沿用多年，考前习惯给学生点“重点复习范围”；个别教师监考渎职，对违反考场纪律的行为睁一只眼闭一只眼；有些老师不参加业务学习和师德学习等。

尽管这些情况只是在少数教师中存在，但严重影响了教师队伍整体素质的提高，也严重影响到民办院校的教学质量和人才培养质量的提高。

一、加强民办院校教师师德建设的必要性和重要性

民办高校师德建设中存在的问题就其形成原因看，有市场经济发展中的负面影响；有教师物质待遇尚低于其他行业，提职提薪重智轻德，认为师德不属业务素质等观念的影响；有对教育改革与发展无动于衷，得过且过心理的影响；有对社会上的消极现象缺乏抵制能力，忽视自身师德修养的相互影响等等。面对这么多而杂的消极因素，必须引导、组织教师以胡锦涛总书记在清华大学建校 100 周年大会上的讲话为武器，做出正确的分析、判断，提高思想理论水平，帮助他们解开心结，促进他们良好师德的形成。

教师的职业不是生产某种物质产品，它是培养、教育人的活动。“师者，所以传道、授业、解惑也。”[1]教师的这种双重职责用我们现在的话说就是教书育人，这两项职责的完成都要求教师要有高尚的道德。育人是把好的品德传授给学生，培养学生正确的世界观、人生观和价值观，培养学生的良好品德，而品德教育的有效方法不只是言传，更重要的是身教，要完成育人职责，教师必须有全面高尚的思想品德；教师要完成教书的职责，除了有较高的业务素质，同样需要良好的师德修养。

教师的职业道德修养不只是教师个人的品行，它更是一种教育因素，是社会公众的楷模。教师的职业道德是一般社会道德在教师职业中的具体体现，有其自身的特殊性质和鲜明的职业特征。

不管教师愿不愿意、有意或无意，教师都是学生甚至社会的“榜样”。

中国自古就有“以身立教”的说法，“以身立教”，通俗地说就是以自己的身教和言教来做自己的形象代言人，去完成教书育人任务的意思。唐代教育家韩愈就提出过教师只有“以身立教”，才能“其身亡而其教存”的精辟见解。[2]“以身立教，为人师表”，直白地说，就是以自身的行为来做学生的表率。

师德作为一种职业道德，它与其他行业的职业道德还是有区别的。它既是指教师和一切教育工作者在从事教育活动中必须遵守的道德规范和行为准则，更重要的是与之相适应的道德观念、情操和品质。所以教师的道德素质并不单指规范、准则本身，而是教师把这些规范、准则逐步内化，成为教师从事教育事业的准则和行为。

教师的劳动具有示范性，教师的表率作用是任何其他教育因素都无法代替的。正如俄国教育家乌申斯基所说：“固然许多事有赖于学校的一般规章，但最重要的东西永远取决于跟学生面对面地交往的教师个性，教师的个性对年轻的心灵的影响所形成的那种教育力量，是无论靠教科书、靠道德说教，还是靠奖罚制度都无法取代的。”[3]这里所讲的“教师个性”就是那种能够为人师表的行为。可见教师的率先垂范作用多么重要，难怪古人有“师者，人之模范也”、“学高为师，身正为范”的论述。教师的行为，无不影响学生。我们做教师的在学生面前一定要检点自己的行为。要求学生办事认真，自己就不能敷衍了事；要求学生言行一致，自己就应该说到做到；要求学生为人正直，自己就不应蝇营狗苟；要求学生有文明习惯，自己就应该待人有礼，谈吐文雅，仪表端庄，只有这样，才能有力地说服、感染和教育学生。正如几千年前的大教育家孔子留下的金玉良言“其身正，不令而行；其身不正，虽令不从”[4]。如果教师缺乏人格的榜样力量，就很难凭课堂上的知识令学生信服，更达不到教书育人的目的，无法履行教师的职责。事实正是如此，在复旦大学校园网站上有学生坦诚地道出自己的观点：“我们心目中的好教授，必须要有高尚的师德教风，而不是世俗的成功。”在评选复旦大学十佳教授中，某教授虽然平时在校外活动频频，在自己的专业领域也颇有名气，但得票率极低。原因是他的教风不好，师德缺失。可见加强自身修养、提高综合素质对于教师这个职业来说，显得特别重要。对自己学而不厌，对学生诲人不倦，才能以身立教，为人师表。

要培养学生优良的道德品质和行为习惯，教师必须不断完善自己的道德素养，加强理论学习，坚定理想信念，强化奉献精神，具有较高的思想政治素质和坚定的政治方向。因为教师的教学行为、语言行为、仪表行为、人际关系都要符合党和国家的政治原则和要求。这些都是师德的重要方面。

从一般意义上说，办好一所学校，必须要有一支高水平、高质量、高素质的教师队伍，而良好的师德又是建设优秀教师队伍的前提。加强师德建设对于推进教育教学改革，培养高素质的合格人才，进而提高学生的综合素质，具有重大而深远的意义。而办好一所民办高校，更需要加强师德建设。因为民办学校的硬件、软件设备不如公办学校，这是显而易见的，但师德水平的高低与办学时间的长短不一定成正比。广东培正学院的办学时间只有 20 年，但无论从学生的就业率还是学生录取后的报到率，或从学生考取公务员的人数、考取研究生的人数及参加司法考试上线的人数等方面看，取得的成绩都是可喜的。这与学校领导平时注意抓教风、学风和校风建设，特别是与学院领导注意抓师德建设密切相关。一个学校的教师如果没有高尚的师德，就难以形成忘我工作、团结拼搏的精神面貌，难以营造良好的学术氛围，同样难以形成良好的教风、学风和校风。在这个意义上说，师德建设是建设高水平民办特色大学的一项重要基础工程。

胡锦涛总书记在清华大学建校 100 周年大会上的讲话中提出，把文化知识学习和思想品德修养紧密结合、把创新思维和社会实践紧密结合、把全面发展和个性发展紧密结合。这三个结合不仅为青年大学生的成长提供了价值目标，也为做好高校的育人工作提供了工作方法。要搞好三个结合的素质教育，必须提高教师的师德修养，教师是全面推进素质教育的主力军，是教育教学改革的实施者，只要教师头脑里有“育人”这根弦，就完全可以把育人结合到每门课程的教学内容中去，真正做到胡锦涛总书记在讲话中所提出的，坚持育人为本、德育为先、能力为重、全面发展。让学生把文化知识学习和思想品德修养紧密结合，在传授学生文化知识的同时，更加注重培养学生高尚的道德情操。在双语课教学中，有一个老师结合课文中涉及的诚实、勇敢、保护环境等内容，有针对性地对学生进行思想品德教育，既教会学生外语的过去时、现在时、将来时，又教给了学生做人的过去时、现在时、将来时，逐步引导学生树立科学的世界观、正确的人生观和价值观。一个教思想政治理论课的老师，讲授完马克思主义哲学原理后，要求美术专业的学生用漫画的方式表现马克思主义哲学原理。有一个学生画了一幅《养鸡、捣蛋与炒股》的漫画，生动地说明了实体经济与虚拟经济的关系，揭示了美国金融危机的实质。通过学生的作品，不仅可以看出学生哲学思维能力的提高，对社会现象的观察分析能力的增强，还可以了解学生的人生观与价值观。从我们这个民办学校 20 年的办学实践看，要履行胡锦涛总书记倡导的“育人为本、德育为先、能力为重、全面发展”[5]精神，必须加强教师的师德建设。

二、高校师德内涵必须与时俱进

根据中华人民共和国教育部和中国教科文卫体工会全国委员会 2011 年 10 月 12 日公示的《高等学校教师职业道德规范》（征求意见稿），规定我国高校教师职业道德的基本规范为：爱国守法、敬业爱生、教书育人、严谨治学、服务社会、为人师表。其内容的核心是爱岗敬业、教书育人和为人师表。

教育的本质就是育人，就是要提高人的素质。因此，高校教师不但要学会教书，更重要的是要学会育人。教育最重要就是培养学生怎样去塑炼科学的世界观、人生观、价值观和道德观。

今天的高校教师不但要有科学的世界观、人生观和价值观，为祖国高等教育事业无私奉献的敬业精神、良好的职业道德和健康的心理素质，还要努力拥有新时代所推崇的新思想、新观念及具有时代特点的先进的道德意识。

一是志高。高校教师必须具有为中华民族崛起而奋斗的坚定信念和为祖国培养合格建设者和优秀接班人的崇高志向，要忠于人民的教育事业，爱岗敬业，尽职尽责；坚守高尚情操，廉洁从教，精于教书，勤于育人；发扬奉献精神，不断探索，勇于进取，树立勇于为教育事业贡献毕生精力的勇气和决心。

二是学高。要培养高水平的学生，教师必须学识渊博、学业精深。俗话说“要给学生一杯水，自己必须有一桶水，而且是‘常流水’”。除了要有深厚的专业功底，还要有广博的相关领域知识，具有跨学科、跨专业的粘合力，满足学生广泛的求知欲。此外，21 世纪的教师应该是终身学习的示范者，是学生终身学习的楷模，要不断更新知识体系，及时吸收、存储学科前沿知识与研究成果。

三是善教。首先要有科学的施教水平，深入学习《高等教育学》、《高等教育心理学》、《教育方法》、《教师法》、《高等教育法》、《公民道德实施纲要》和教育部《关于加强学术道德建设的若干意见》等方面的知识和规定，把教育理论的最新研究成果引入教学过程，使教育教学的科学性和艺术性高度完整地统一起来。

四是要熟练掌握现代教育技术的操作和应用。能够利用现代教育技术，恰当有效地选择教学方法和方式，直观形象地展示教学内容，使教学知识传授与创新思维结合起来，培养学生的创新精神和创新能力。在育人过程中，力求使学生具有科学、合理的知识结构与能力结构，教师的主导作用要从单纯的“讲”向“导”转变，将教学方法由单向灌输式向双向启发讨论式转变，根据不同的学科和内容采取灵活多样的教学模式。再就是要有创新的精神。积极开展教育和科学研究，把教学建立在科学研究支撑的基础上，探索新的科学的教育模式，在耕耘中拓宽视野，在执教中提炼师艺、升华师技。

五是师表。教师不仅是知识的传授者，还是思想教育者和道德示范者。孔子曰：“其身正，不令而行；其身不正，虽令不从，不能正其身，如正人何。”[6]此话指出了教师对学生表率的巨大作用。教师的一言一行都会给学生留下深刻印象，对学生的精神世界起着“随风潜入夜，润物细无声”的作用。这就要求教师从点滴做起，从小事做起，从自我做起。孔夫子说“教师身教重于言教”，即指教师应把言传和身教完美结合起来，这是因为教师的形象在学生心中是高尚的，是他们的楷模。要做到这一点，教师就必须要做到以身作则、率先垂范、为人师表、热爱学生、关心学生，建立平等的师生关系；仪表端庄、举止文雅，以自己的言行和人格魅力来影响学生，使他们“亲其师”，“信其道”。要想把学生造就成一种什么样的人，自己就应当是什么样的人。

三、加强高校教师的师德修养

教师道德修养不仅是一个理论问题，而且也是一个实践问题。要使教师道德原则和规范成为教师行为的准则，必须依靠自己长期不懈的努力，自觉地进行修养和锻炼。因此，掌握正确的师德修养的途径和方法是十分必要的。

（一）加强教师道德修养的途径

1. 努力学习

这里讲的学习，不仅指学习知识，还包括学习技能、经验，也包括教师修养本身。因为教师修养作为社会道德在教师职业中的体现存在于整个社会生活中，只有不断从整个社会生活中吸取精神营养，才能不断丰富和提高修养水平。

第一，抓理论学习，奠定思想基础。要学习马克思主义、毛泽东思想、邓小平理论和“三个代表”重要思想及科学发展观。马克思主义及其在中国的发展是指导无产阶级革命胜利的科学理论，是指导我们思想的理论基础，是我们建设中国特色社会主义的理论指南，也是指导教师修养的锐利武器。我们要真正成为一个忠诚于人民教育事业的教育工作者，担负起培养和造就合格的社会主义建设者和接班人的任务，就必须努力自觉学习马克思主义、毛泽东思想，以其立场、观点、方法去认识世界，改造世界，去认识教育规律，运用教育规律去认识教师修养的社会本质，并指导自己进行修养实践。这样才能体现教师修养的时代特征，保证不偏离社会主义方向。

第二，要学习教师修养理论。没有理论指导的修养是盲目的修养，盲目的修养既缺乏自觉性，也不可能持久和达到高级的程度。所以，我们要重视学习教师修养的基本理论。人类在长期社会实践中，积累了丰富的教师修养理论，在学习古今中外丰富的教师理论时，要“取其精华”，“去其糟粕”，“古为今用”，“洋为中用”，要批判性地继承和发展教师修养理论，特别要区分社会主义人民教师的修养与封建主义和资本主义社会中教师修养的根本区别，自觉地与各种非无产阶级的腐朽落后的旧思想、旧观念、旧道德作斗争，不断提高社会主义教师修养水平。

学习教师道德修养理论，树立人民教师道德的理论人格。人民教师道德修养理论是教师进行职业道德修养的指导思想。树立教师道德的理想人格，就是要确立人民教师道德的理想。一个教师只有在道德修养中以教师道德的先进典型作为自己思想行为的楷模，鼓励自己，在思想意识中凝聚着教师道德原则和规范，以崇高的道德品质作为自己的行为目标，才能使自己的道德修养不会迷失方向，才能使自己成为一个具有较高教师道德修养的人民教师。

第三，要尽可能多地学习各类专业知识和教育理论，尽可能多地学习一些有利于提高教学修养水平的自然科学知识、社会科学知识和思维科学知识。一个教自然科学的教师，如果不懂人文科学，仅有自然科学知识或只懂一门学问，就算不上一个真正的知识分子，就很难真正提高自己的师德修养。因为知识本身不仅是一种修养内容，而且还能塑造人的性格。一个缺乏知识的人，必然缺乏见识和才能，当然不可能达到全面的、较高的修养水平。

2. 认真实践（主要指教书育人的实践），做到知行统一

参加社会实践，在实践中进行教师道德修养，是教师修养的根本办法。在教师道德修养的过程中，从教师道德认识、道德情感、道德意志、道德信念到教师的道德行为和习惯，自始至终都是在社会实践中和教书育人中完成的。教师只有在教书育人实践中，在处理师生之间、教师之间、教师与家长及教师与社会其他成员之间的关系中，才能认识自己行为的是与非、善与恶，才能培养自己良好的教师道德品质。如果只是"闭门思过"、"坐而论道"，脱离实践去修养，那么教师高尚的道德修养是修炼不出来的。

"通过实践而发现真理，又通过实践而证实真理和发展真理。""从感性认识能动地发展到理性认识，又从理性认识能动地指导革命实践，改造主观世界和客观世界。"毛泽东同志的这些论述充分说明了认识从实践开始，又要回到实践中去接受实践检验的道理。这对于提高教师师德修养具有重要的指导意义。

从教师的师德修养与社会实践的关系看，实践是教师师德修养理论产生的源泉，实践是教师师德修养的根本目的，实践是检验教师师德修养水平的重要标准，实践是提高教师师德修养水平最直接的动力。一言以蔽之，提高教师的师德修养万万离不开教育教学的实践。

四、提高教师道德修养的方法

（一）正确开展批评和自我批评

开展批评和自我批评是提高教师道德修养的根本方法。由于教师工作的艰辛、繁重、复杂，教师在道德修养上会出现反复或曲折，也会由于种种原因产生这样或那样的缺点或错误，这些都是在所难免的。对于这个问题，关键是如何对待自己在道德实践中出现的违背教师道德的言论和行为。正确的解决方法是开展批评和自我批评。其中主要是自我批评，发扬"吾日三省吾身"的精神，不断地修炼自己。

开展自我批评，要有"自知之明"，正确认识自我是自我修养的起点。"人贵有自知之明"，要做到有"自知之明"，就要以党的教育方针政策、教师的职责、教师的道德行为规范、优秀教师的修养为镜子，对照、评价自己的言行，主动寻找差距；重视教育教学效果的信息反馈，以自己在教育教学实践中所产生的效果作为自我评价、自我调节的客观依据，从成功中

总结经验，从失败中吸取教训。总之，从教育教学信息（包括来自学生的反映）中找出努力的方向。要做到自知之明，还要善于听取意见，不“讳疾忌医”，常言道“忠言逆耳”、“兼听则明”，要特别重视听取反面意见。

（二）学习先进教师的优秀道德品质

因为先进教师是存在于社会之中，生活在教师队伍里活生生的人，他们能够以直观形式启发教育和感染教师，进而影响教师的思想和行为，监督和促使他们以先进人物为榜样，取长补短，提高道德修养水平。学习先进教师的优秀品质，主要有两个途径，一是多读教育界名人的传记和模范教师的先进事迹。这些名人身上都具有优秀的道德品质，体现着高尚的道德情操，多接触他们，以便受到感染和鼓舞，使自己的行为趋于道德原则和规范的要求。二是学习身边的模范教师，他们生活在自己身边，看得见、摸得着，影响更直接、更深刻、更快捷。

（三）向学生学习，教学相长

教师应该真诚地向自己的教育对象，也就是向学生学习。这不仅是贯彻正面教育原则和积极性原则的需要，也是以学生为镜子，对照自己的言行，进行自我调控的需要，这也体现了教学相长的道理。

师德修养的方式应该灵活多样。师德教育不能流于对教师简单枯燥的说教，要通过丰富多彩的活动，让广大教师在教育教学实践中去体验“师德”、感悟“师德”、实践“师德”。要积极开展“师德论坛”、师德小故事征文演讲、师德知识测试、教师规范用语、教师忌语和教书育人的格言征集等活动，在广大师生中开展“假如我是学生”、“假如我是老师”等相关主题的征文活动，引导广大教师加强对新形势下师德建设的内涵与发展的思考和实践。要积极鼓励青年教师参加“爱心助学社团”的活动，大力提倡教师为在学习中有困难的学生（包括经济上和接受知识方面有困难的学生）开展义务辅导活动，形成个个讲奉献、人人比贡献的良好师德氛围。要深入推进“关爱学生”工程，引导广大教师从学生的思想、学习、身心、生活四大方面进一步关心和爱护学生成长，做好学生成长道路上的引路人。

参考文献

[1] 韩愈．师说．大学语文［M］．广州：广州出版社，2011．73.

[2] 韩愈．韩愈集（卷四）［M］．长沙：岳麓书社，2000．443.

[3] 乌申斯基. 人是教育的对象 [M]. 北京：中国社会出版社，1986.
[4] [6] 杨伯峻. 论语译注 [M]. 北京：中华书局，1980. 136.
[5] 胡锦涛总书记在清华大学建校100周年大会上的讲话 [M]. 北京：人民出版社，2011. 6.

深化民办高校改革
提高师德建设成效

——广东民办高校师德建设现状调查与分析

黎茂金

摘　要　师德是教师素质中最基础和最根本的内容，建设一支高素质的师资队伍，对于深化民办高校改革具有重要战略意义。通过问卷及走访调查，从学生和教师两种不同的视角，了解当前广东民办院校教师的师德建设现状，归纳存在的问题，分析其成因，提出深化民办高校改革、加强民办院校师德建设的建议：民办院校党组织发挥思想政治教育功能；持续加强教师师德的再教育；民办院校管理者改变旧观念；制定教师基本的职业道德规范；健全教师师德考核机制。

关键词　民办高校；高教改革；师德建设

"师者，所以传道授业解惑也。"关于师德的伦理思想，中国自古有之。师德是教师素质中最基础和最根本的内容，高校师德建设状况直接关系着高校的精神风貌和人文品格，直接影响到大学德育工作成效和大学生的健康成长。提高师德建设成效，建设一支高素质的师资队伍，对于深化民办高校改革，提升民办高校核心竞争力，实现可持续发展具有重要战略意义。目前，关于高校师德问题的研究较多，主要集中在四个方面：高校教师师德的内涵及规范，加强高校教师师德建设的意义，高校教师师德建设的现状、问题及原因，加强高校教师师德建设的对策。[1]而针对深化民办高校改革，提高民办高校师德建设的研究则显单薄。因此，对本地民办高校教师和学生展开调查，以教师及学生两种不同的视角了解民办高校改革的真实现状和民办高校师德建设存在的问题极为重要。调查结果显示，"师德对民办高校的发展非常重要，深化改革，重视并加强师德建设"是师生共识问题。[1]然而，对民办高校师德建设现状、师生关系、课堂育人功能等方面评价却存在较大差异，值得思考。

一、当前民办高校师德建设总体评价

对于当前民办高校师德建设总体状况，本次参与调查的教师评价“很好”的占9.4%，评价“较好”的占53.6%，评价“一般”的占30.2%，评价“较差”的占5.2%，评价“很差”的占1.6%。参与调查的学生评价“很好”的占10.6%，评价“较好”的占37.6%，评价“一般”的占35.2%，评价“较差”的占13.4%，评价“很差”的占3.2%。

调查结果显示，对当前民办高校师德建设总体状况，教师基本表示满意，学生则满意度偏低，教师与学生的评价结果存在较大差异。原因是学生对师德建设还有更高的期待，其中82.4%的学生认为“教师应是全社会的表率”。对这种提法，7.8%的教师表示“完全赞成”，16.1%的教师表示“比较赞成”，“勉强赞成”的占38.1%，表示“较不赞成”的有25.5%，有12.5%表示“完全不赞成”。

在民办高校教师的政治面貌方面，参与调查的教师中，中共党员的比例是35.4%，而剩下64.6%的非党员老师，无人有“非常强烈”的入党愿望，愿望“比较强烈”的有2.4%，“一般”的有14.5%，“不怎么考虑”的占51.6%，有31.5%的老师则明确表示“不考虑”；对于邓小平理论、“三个代表”重要思想等关键的政治理论，“系统学习过”的占8.9%，“比较系统学习过”的占23.9%，“粗略学习过”的占31.3%，“有所了解”的占28.6%，“没学习过”的占7.3%。调查结果显示，广东民办高校教师党员的比例偏低，教师的入党愿望也较低，大部分非党员教师表示不考虑入党问题，这反映出师资队伍的整体政治意识和素养不高。

对于高校教师师德的具体要求和内容，11.5%的教师表示“非常了解”，28.6%表示“比较了解”，41.6%表示“了解一些”，表示“不太了解”有14.1%，“不了解”的有4.2%；关于学习和了解的途径（可多选），63.5%是通过“《教师工作手册》”，53.6%是通过“教师岗前培训”，40.1%是通过“学习相关文件”，有8.6%的教师是通过“其他”途径获悉；至于我国高校教师职业道德建设的相关制度，有66.7%的教师了解“《中华人民共和国教师法》”，62.5%的教师了解“《中华人民共和国高等教育法》”，56.8%的教师了解“《教师资格条例》”，还有20.8%的教师了解“其他”相关制度。

而选择在民办高校做老师，46.3%的老师表示因为“自由且相对稳定”，因为“没有更好选择，先过渡，等待更好机遇”的老师则占 24.5%，认为“教师是我的职业目标选择”的有 18.8%，认为“工资高，福利待遇好”的有 4.7%，还有 5.7% 是“其他”原因。参与调查的教师，有 58.9% 表示考虑过离开学校寻求其他发展，主要原因是“收入和福利待遇不理想”及“对学校没有归属感”，比例分别占 43% 和 32.9%，因为“职业发展前景不乐观”的则占 18.7%，“其他”原因的有 6.4%，没有教师因为民办高校的“工作压力大”而考虑离开。

在价值取向方面，44.8% 的教师认为作为老师是“奉献社会、培育人才”，认为是“义利并举、德利合一”的有 40.6%，认为是“实现个人价值的途径”的有 5.2%，还有 9.4% 是认为“等价交换、按劳取酬”；在处理个人与集体的利益关系时，选择“先集体后个人”的占 37.5%，选择“先个人后集体”的占 11.5%，“不确定”的有 3.8%，大部分教师则认为“个人与集体并重”，占 47.2%；而对于教师的奉献精神与保障教师的合法权益之间的关系，有 36.5% 的教师认为“应该首先保障教师的合法权益，再讲奉献”，只有 5.7% 认为“作为教师，应该将奉献精神置于首位”，半数以上的老师认为“二者应该适当处理，以实现有机统一”，占 57.8%。调查结果显示，现在教师的价值观出现多元化，虽然认同奉献精神，也认为集体利益重要，但也同时表示个人利益和合法权益同等重要。而相当多的教师因为“收入和福利待遇不理想”或“对学校没有归属感”等，对工作岗位缺乏认同感，所以民办高校师资队伍稳定性不高。

二、民办高校的师德观念

至于民办高校教师的品行，55.7% 的教师认为最重要的是“工作严谨，认真负责”，选择“以良好的品德行为影响学生”的有 22.4%，选择“谦虚谨慎，不犯错误”的有 11.5%，选择“注意培养学生优良的学风”的有 9.4%，还有 1% 选择“不利用职务之便谋求私利”。46.3% 的学生则认为教师最重要的品行是“以良好的品德行为影响学生”，还有 32.4% 的学生认为最重要的是“注意培养学生优良的学风”，认为是“工作严谨，认真负责”的有 20.8%，还有 0.5% 认为是“不利用职务之便谋求私利”，没有学生认为“谦虚谨慎，不犯错误”是教师最重要的品行。44.8% 的教师认为一个好老师最应该做到的“教学效果突出”，26.1% 认为是“教学与科研均突出”，20.8% 认为是“深受学生爱戴”，8.3% 认为是“科研效果显著”。

65.3%的学生认为好老师最应该做到的是“深受学生爱戴”，选择“教学效果突出”的有24.5%，选择“教学与科研均突出”的有10.2%，没有学生认为是“科研效果显著”。调查结果表明，教师与学生对“老师”这一角色的认识和理解各有不同，教师认为“老师”就是一项工作，所以要“工作严谨，认真负责”，做到“教学效果突出”就是好老师了。但学生则认为“老师”是一种身份或表率，所以其行为会“影响学生”，要“深受学生爱戴”才是好老师。

对于民办高校教师与学生的关系，大部分的教师认为是“教育关系”或“服务关系”，分别占43.5%和33.4%，有23.1%认为是“平等关系”。但学生却有59.7%认为教师与学生的关系是“平等关系”，认为是“教育关系”的29.2%，“服务关系”的11.1%。48.5%的教师认为与学生关系“比较亲密”，11.5%“关系亲密”，22.9%关系“一般”，16.6%“关系疏远”，0.5%“关系陌生”。40.8%的学生却认为与教师关系“一般”，20.4%的学生认为“关系疏远”，还有8.3%的学生认为“关系陌生”，只有12%的学生认为“关系亲密”、18.5%的学生认为“比较亲密”。教师基本认为自己能对“所有学生一视同仁”，占43.2%，表示会“喜欢听话的学生”的占25%，“喜欢成绩好的学生”的占21.9%，有9.9%的教师表示会“讨厌不听话的学生”，但没有老师表示会“讨厌成绩差的学生”。学生则普遍认为老师会“喜欢听话的学生”或“喜欢成绩好的学生”，比例分别占40.3%和31%，而13.9%的学生认为老师会“讨厌不听话的学生”，还有7.3%的学生认为老师会“讨厌成绩差的学生”，只有7.5%的学生认为老师会对“所有学生一视同仁”。

关于民办高校教师在教学过程中对教学效果交流反馈方面，37%的学生认为教师“对反馈的意见只作了解不作采纳”，30.6%的学生认为教师“在学生提出异议时才关注”，23.5%的学生则认为“没有交流和反馈”，有8.9%的学生认为教师会“主动与学生交流并及时调整”。过半的学生认为教师不注意维持课堂纪律，52.4%的学生表示上课过程中教师对待不遵守课堂纪律学生的态度是“继续讲课不受影响”，19.4%的学生表示教师会“停止讲课，严厉制止”，13.4%的学生表示教师会“停止讲课，大声批评”，还有14.8%的学生表示教师会“继续讲课，同时巧妙暗示制止”。调查结果显示，部分民办高校教师只管授课，课堂上缺少与学生的交流互动，对课堂教学方式也较少根据学生的反应主动调整，较少维持课堂纪律，教学效果欠佳。

在专业教学活动之外与教师的交流情况，40.3%的学生表示“较少交流”，25.9%的学生表示“有交流”，13.9%的学生表示“较多交流”，有9.3%的学生表示“经常交流”，还有10.6%的学生表示“没交流”。大部分学生均表示希望在专业教学活动之外与教师能多交流，比例占75.5%，而希望与教师交流的涉及面较广，选择“专业学习问题方面”的占34.4%，选择“职业发展及就业方面”的占29.1%，选择“人生处世方面”的占18.8%，选择“个人爱好及情感方面”的占9.4%，选择“思想政治及社会形势方面”的占8.3%。调查结果表明，学生希望与教师加强交流，特别是在专业教学活动之外的交流，学生希望与教师交流的内容涉及专业学习、职业发展、为人处世、思想政治、情感爱好等方面，这其实也是教师“育人”非常重要的平台，而当前部分民办高校教师在“教书”上比较认真，但“育人”上则显不足。

三、对民办高校师德建设的看法

在加强民办高校教师师德建设方面，教师普遍认为重要的是“正确处理好教学与科研的关系，确保对教学工作的投入”及“淡泊名利，潜心学术，严谨治学，诚信为人”，比例占78.1%和67.7%；认为是“团结协作，严于律己”的有49.5%，认为是“言传身教，为人师表，做学生的良师益友”的有35.9%；认为是“提高教书育人的责任意识，利用各个教学环节挖掘教育资源”的有27.6%。学生则普遍认为重要的是“言传身教，为人师表，做学生的良师益友”及“提高教书育人的责任意识，利用各个教学环节挖掘教育资源”，比例分别是81.5%和74.5%。

对当前民办高校教师的师德状况方面最需要解决的问题，66.1%的教师认为是“教学上无心钻研业务，只求不过不失”，16.1%认为是“过分看重个人利益，热衷创收，精力分散”，8.9%认为是“科研上急功近利，不务实钻研”，6.8%认为是“只完成教学时数，对学生不管不问”，2.1%认为是“利用师生关系谋取利益”。学生则有49.5%认为最需要解决的问题是“只完成教学时数，对学生不管不问”，40.3%认为是“教学上无心钻研业务，只求不过不失”，9.3%认为是“过分看重个人利益，热衷创收，精力分散”，0.9%认为是“利用师生关系谋取利益”，没有学生认为“科研上急功近利，不务实钻研”是当前学校最需要解决的师德问题。

造成当前民办高校师德失范的主要原因，34.8%的教师认为是“学校没有完善的相关考评机制，师德考评流于形式”，23.5%的教师认为是“社会不同价值观的冲击”，22.9%的教师认为是“对学校缺乏认同感”，18.8%的教师认为是“教师个人不重视思想道德修养”。

对于加强民办高校师德建设的必要性，35.4%的教师认为“有些必要”，23.4%认为“没大必要”，21.9%认为“比较必要”，10.4%认为“没有必要”，8.9%认为“非常必要”。而学生则有40.2%认为“非常必要”，32.9%认为“比较必要”，16.2%认为“有些必要”，7.9%认为“没大必要”，2.8%认为“没有必要”。

至于学校要提高师德建设可采取的措施，有51.6%的教师认为可“制定师德评估机制加强监督与管理”，47.4%认为可“制定专门的师德规范”，36.5%认为可“提倡自我塑造与提高”，21.9%认为可“举行师德标兵评选活动”，17.2%认为应“加强教师师德培训”。学生则普遍认为应“制定专门的师德规范”并“制定师德评估机制加强监督与管理”，比例占43.1%和78.2%。对于学校制定师德评估机制加强监督管理的必要性，教师表示“一般”的占34.9%，表示“没大必要”的占23.4%，表示“没有必要”的占10.4%，有21.9%认为“比较必要”，9.4%认为“非常必要”。学生则有37.5%认为“非常必要”，32.4%认为“比较必要”，18.5%认为“一般”，有8.8%表示“没大必要”，2.8%表示“没有必要”。

关于师德评价的方式，40%的教师赞同“按师德评价制度组合式评价”，30.7%的教师表示应由“学生评价”，16.7%的教师认为由“同事互评”，8.4%的教师表示“自我评价”便可，4.2%的老师表示可由“领导评价”。学生则有52.8%认同“按师德评价制度组合式评价”，有40.7%表示应由“学生评价”，6.5%表示由教师的“同事互评”，但没有学生认为单纯由“教师自我评价”或“领导评价”的方式合适。

教师普遍认为加强民办高校教师师德建设，重要的是“教学”工作的投入，而学生则希望教师“教学”与“育人”都重视。而造成师德失范的主要原因，教师与学生的观点比较一致，均认为学校对师德建设缺乏监管机制，师德考评流于形式。是否加强师德建设，虽然教师与学生都普遍认为有必要，但明显学生的愿望要比教师的强烈，除此之外，教师与学生基本都认同“按师德评价制度组合式评价”。

四、市场经济与民办高校教师的师德观念

市场经济体制的改革影响和冲击着民办高校的改革，也冲击着民办高校教师的师德观念和行为。社会主义市场经济的自主、平等、公平、开放和竞争等观念使人们从旧的道德观念和精神束缚中解放出来，但市场经济的功利原则、竞争原则、等价交换原则等也不同程度地反映到教育领域。在市场经济求利原则的驱动下，部分教师的思想观念、政治信仰和价值取向发生了变化，开始以新的价值参照系来对自身价值进行衡量和定位。[2]与此同时，民办高校党建与思想政治工作得不到很好的推进和加强，教师的思想政治教育往往是走过场，流于形式，教职工党支部组织生活不正常，支部组织活动困难，有的党员甚至不参加支部活动，不按时交纳党费，更不要说发挥党员的先锋模范作用。调查显示，民办高校教师的党员比例偏低，而非党员教师入党的愿望淡薄，对于邓小平理论、“三个代表”重要思想等政治理论的学习也显不足，部分教师的政治意识和价值观出现偏差，如重经济轻政治、重实惠轻道义、重物质轻精神，相当部分的教师不认同“教师应是全社会的表率”。

深化民办高校改革，加强民办高校师德建设，首先是要强化正确的师德观念。民办高校的党组织要真正发挥思想政治教育与熏陶功能，提高教师整体的思想政治素养与政治意识。同时，要净化社会环境，高校师德水平和社会整体道德水平的发展趋势应当是一致的，并且受社会整体道德水平的制约和影响，必须大力加强公民道德建设，优化民办高校师德成长的环境。

民办高校教师队伍大体由专职、外聘和兼职三部分组成，而年龄结构基本上是两头大中间小，离、退休的老年教师和刚毕业的年轻人多，起教学骨干和主力作用的中年教师少。离退休教师只是继续发挥余热，而在比例最高的青年教师中，多数为刚毕业的硕士研究生甚至本科生，且普遍毕业于非师范类专业，没有接受过系统的师范教育。[3]尽管在上岗前接受了教师资格证和上岗培训，但这类仅是一种短期资格培训，大部分教师及学校都是走过场。由于很多民办高校处于规模扩张期，在师资缺乏的情况下，一些民办高校不得不降低要求，只要专业对口、学历相当，就可以作为教师引进，这也是一个比较普遍的现象。而民办高校对教师只重利用不重培养，多数青年教师缺乏专门的教育教学方面的素养，这便导致对师德内涵

和要求认识的严重不足。调查显示，民办高校教师虽然对《中华人民共和国教师法》、《中华人民共和国高等教育法》和《教师资格条例》等我国高校教师职业道德建设的相关制度有所了解，但对高校教师师德的具体要求和内容了解程度明显不足。

因此，民办高校要继续加大改革力度，加强引导教师坚持学习，引导教师在学习中不断增强师德认知。同时要加强教师职业道德和职业纪律的教育和培训，特别是对青年教师的职业道德培训，通过教育与培训，以提高其职业道德素养及其履行职业道德原则规范的自觉性。另外，可以制定相关制度或措施，通过德高望重的老教师的传、帮、带，以提升青年教师的师德修养水平。

五、管理观念影响民办高校的师德建设

民办高校管理者的管理观念会影响民办高校改革的深化程度，也会影响师德的建设和发展，主要表现在两个方面，一是部分民办高校管理者重学校规模发展，轻办学质量提高；重业务工作开展，轻思想道德建设，对教师业务能力水平有要求，但思想道德方面存在迁就、宽容，缺乏标准和要求。二是部分民办高校管理者甚至认为“民办院校就是铁打的营盘，教师好比流水的兵，来来去去很正常”，这种管理观念从另一层面促使民办高校的教师产生“打工者”心态，认为在民办高校做老师只是一种谋生的手段，混饭吃而已。因此教师在社会上得不到尊重和肯定，在单位也被认为可有可无，甚至在自己的学生面前也得不到应有的尊重。本来大部分民办高校教师就没把民办教育作为自己的职业理想，现连那些愿意投身到民办教育事业的少数教师，也从当初的激情和理想，而被现实的艰难和无奈所取代。调查显示，相当一部分民办高校的教师“有考虑过离开学校寻求其他发展”，而选择在民办高校作老师的原因是暂时“没有更好选择，先过渡，等待更好机遇”。而教师若是一种“打工者”心态，导致的结果必定是教师对学生的态度冷漠，师生“关系疏远”。民办高校师资队伍流动性大、人心不稳，教师对自己前途倍感担忧，对民办教育事业缺乏认同感和安全感，故而缺乏教书育人、为人师表的职业荣誉感和奉献精神。

民办高校要深化改革，加强师德建设，打造出一支高素质的教师队伍，管理者必须着眼长远，淡化临时雇佣的观念，加强教师的职业生涯规划与安排，增强教师的归属感与成就感。民办高校管理者应深入教师实际工作

和生活当中去，了解其思想、工作和生活状况，将师资队伍建设与解决教师的实际困难紧密结合起来，为学校的师德建设与教师的事业发展搭建一个共同进步的平台。

在民办高校中，部分教师对师德规范的内容与要求不明确，对师德的理解出现偏差，认为教师的职责只是上好课，做人是学生自己的事情，育人工作是辅导员的事，并没有把育人当成自己的使命。殊不知教书只是手段，育人才是教师工作的根本，大学教育最重要的目的便是促使学生在掌握专业知识的同时还具有较高的综合素质。调查显示，部分民办高校教师只管讲课，对课堂上违纪的学生则不管不顾；教学过程与学生缺乏交流互动，对反馈的信息也不及时采纳调整。在专业教学活动之外，与学生没有沟通、“没有交流”，便更谈不上关心学生了。身教重于言教，教书与育人是一个良性循环和不可分离的系统，更是教师的基本工作职责。在高等学校，育人是教师始终不变的使命，其重要性甚至要高于向学生传授专业知识。

职业道德规范代表的是一个行业的成员一致认同的合适的行为准则。要加强民办高校教师的师德建设，首先要结合社会现实和各民办高校的具体情况，并结合高校自身的办学定位、办学特色等制定具体的基本的职业道德规范要求。职业道德规范制定后，则应通过各种途径让教师了解，并加以遵守，以引导教师的价值取向、约束教师的行为。而作为一个高校教师，职业生涯开始就应该熟悉掌握职业道德规范。

在当前民办高校教师的考核中，对教师的师德师风、教学质量、科研成果三个主要方面的评价，由于客观存在着科研指标容易量化，教学质量、师德师风则很难有统一、客观的评价标准，所以往往是科研最硬，教学次之，师德师风则被忽略。结果是评优评奖、特别是评职称时，科研成果几乎就成了唯一标准。这对师德建设自然起了一种不良的导向作用。所以，虽然部分民办高校制定了师德建设管理制度，但由于缺乏监督或监督措施不得力，师德建设总流于形式。也有把师德评价与评教制度的结合作为教师评价体系的一部分，但现行的评教制度很容易受到评教主体主观因素的干扰，故而对评价结果的客观性产生影响，有的教师甚至为了获得较高的学生评教分数，视基本的职业道德于不顾，一味迎合学生，导致评教制度客观上反成为师德建设的反作用力。

要深化民办高校改革，提高民办高校师德建设成效，一些现行的考核制度要加以改变，在重视科研成果的同时，也要重视教学质量，更要重视师德师风。因此，对教师的考核机制应进一步完善，不能仅看科研成果及教学时数的完成度，更要重视教师在教书育人方面的付出，这也恰恰是教师的师德最容易体现的方面。而完善民办高校师德建设管理机制，其一要健全师德建设的领导制度，使师德建设工作得到有力的支撑；其二要健全师德建设的管理制度，使师德规范与要求成为教师工作的有机组成部分，使教师逐步形成师德自律意识；其三是健全师德考核指标体系，建立师德评价网站，让学生参与师德评价并成为师德建设的重要监督者；其四是健全师德建设监督制度，成立师德监督专门机构，定期检查师德状况并作出评估。当然，民办高校师德建设是一个系统工程，在此过程中，应该根据具体情况不断调整、不断发展，以使师德建设切实收到成效。

参考文献

[1] 王露璐. 高校教师师德问题研究综述 [J]. 道德与文明，2006 (1)：76 ~ 78.
[2] 王自贵. 转型期高校师德发展趋向及应对 [J]. 国家教育行政学院学报，2012 (9)：34 ~ 35.
[3] 赵金瑞. 高校青年教师师德建设探究 [J]. 思想教育研究，2012 (5)：80 ~ 81.

产学研合作

打造“创新创业教育”的新特色

宋宇翔

摘　要　在民办院校里建立创新创业教育学院是深化改革的产物，也是民办高校可持续发展的必由之路。这种特色教育要求“校企合作”与“校校合作”，走一条“产学研并进”的办学之路。这就要求民办院校建立多层次与立体化的专业、学科和课程体系。

关键词　民办高校；创新创业教育；特色办学

为了贯彻《国务院办公厅转发人力资源社会保障部等部门关于促进以创业带动就业工作指导意见的通知》（国办发〔2008〕111 号）精神，深入推进创新创业教育，并与我校产学研相结合，深化教学改革，培养学生的创新、创业能力，探索毕业生就业、创业新途径，鼓励和扶持学生自主创业，为学生搭建良好的创业平台，促进大学生创业实践活动的开展，打造出广东培正学院的“创新创业教育”特色，学校成立了专门的教学机构——创新创业教育学院。

一、创新创业教育学院成立的背景

（一）国家政策的需要

国家教育部出台的《关于大力推进高等学校创新创业教育和大学生自主创业工作的意见》（教办〔2010〕3 号）文件中要求，要加强创业基地建设，打造全方位创业的支撑平台。

（二）地方经济发展的需要

为进一步鼓励和扶持青年大学毕业生来我院周边自主创业，以创业带动就业，真正把广州市花都区科教人才资源优势转化为发展优势，推动经济社会又好又快发展。

（三）大学生就业的需要

2013 年，全国高校毕业生就业形势严峻。为了解决大学毕业生就业难的问题，《广东省人民政府办公厅转发国务院办公厅关于做好 2013 年全国普通高等学校毕业生就业工作的通知》中指出，要加大政策倾斜力度，积极推进大学生创业孵化基地建设，鼓励高校毕业生自主创业，为自主创业毕业生提供项目开发、开业指导、融资、跟踪扶持等“一条龙”创业服务。

二、创新创业教育学院职能

按照《教育部关于全面提高高等教育质量的若干意见》（教高〔2012〕4 号，简称“高教 30 条”）的要求，广东培正学院为加强创新创业教育体系建设，把创新创业教育有效纳入专业教育和文化素质教育教学计划和学分体系，建立了多层次、立体化的创新创业教育课程体系。

该体系由通识教育、专业教育、创新创业基础教育、创新创业实践训练和创新创业实践组成。其中创新创业实践训练包括创新创业训练课程，大学生创新创业训练计划项目、学生学科竞赛、技能竞赛、创新活动、学生科研及课外科技文化活动等。如图 1 所示：

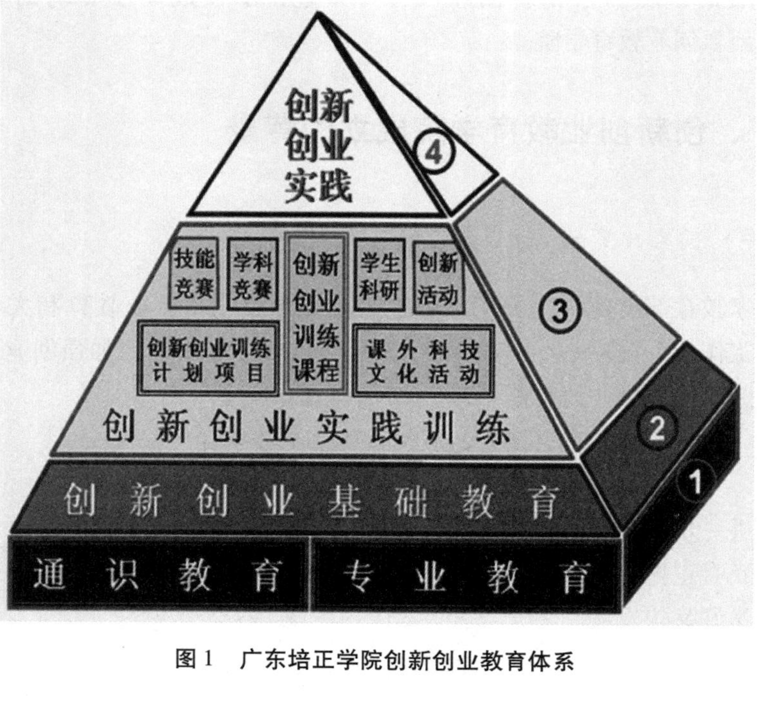

图 1　广东培正学院创新创业教育体系

为了更好落实创新创业教育实施方案，把创新创业教育贯穿于人才培养的全过程，学校成立了创新创业教育学院，其机构设置和主要工作职责如图 2 所示：

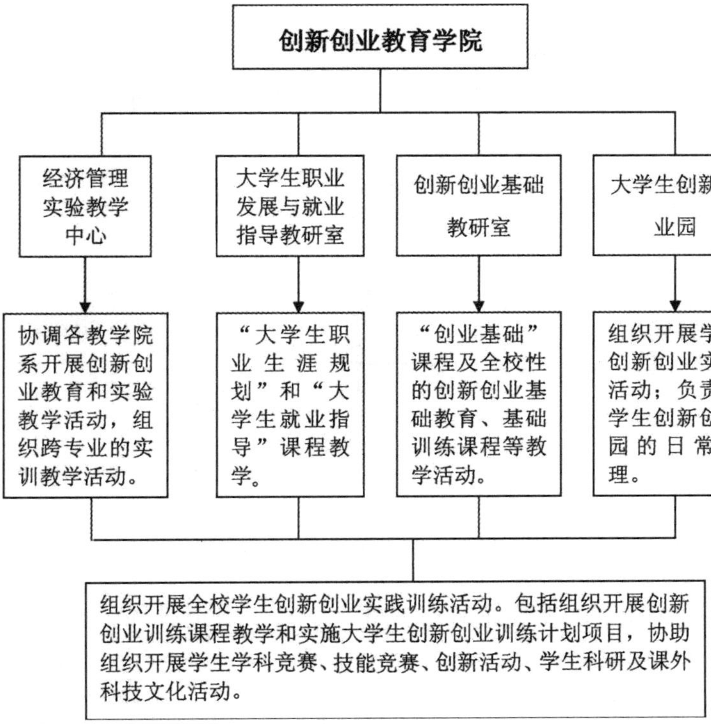

图 2　创新创业教育学院机构设置和工作职责

其中，大学生创新创业园计划分为校内和校外两部分，构成如图 3 所示：

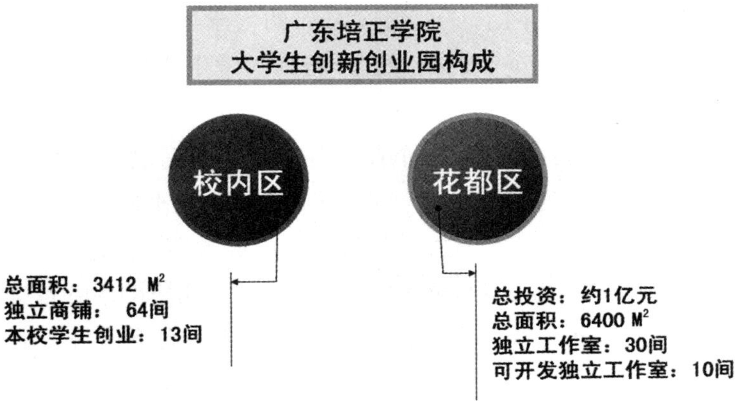

图 3　大学生创新创业园构成

三、创新创业教育学院运作机制

（一）一体化运作模式

学院的创新创业教育以一体化运作模式开展活动。如图 4 所示：

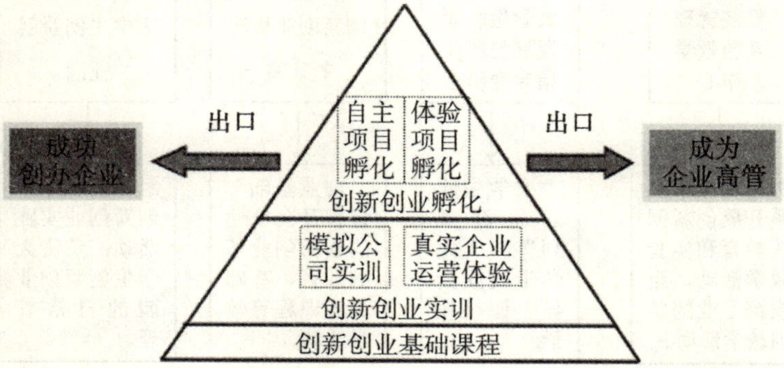

图 4 “创新创业基础课程→创新创业实训→创新创业孵化”的一体化运作模式

模式说明大学生创新创业团队在创业过程中学校应给予多方面的指导和扶持。因此，我们倡导：

1. 创新创业基础课程

在创新创业基础课程中引进 SIYB 课程（大学生版），为大学生创新创业团队提供培训和指导，提高大学生的创新创业能力。

2. 创新创业实训

模拟公司实训：依托互联网，构建大学生创新创业公共服务平台，创造企业仿真环境，帮助在网上“上岗实习”的大学生快速提高就业技能，还能模拟创办企业、经营企业的全过程，帮助大学生熟悉和掌握创业与经营的业务流程，提升创业素质。

真实企业运营体验：引入一批企业资源，由企业提供一批可供大学生创业体验的项目，融入到“大学生创业→创业实训→创业孵化”的流程之中，再向花都的 8 家高校的大学生进行招标，组成大学生团队与项目对接，运作企业的创业体验项目的学生就像这些企业的“分销商”，他们要创办自己的公司，并正常销售产品，维持公司的运营。学生们不仅将面临公司运营的各种真实风险，而且将掌握实战经验，为今后创业打下基础。

3．创新创业孵化

（1）自主孵化与项目孵化——引入有资金、货源、团队条件的大学生创新创业项目到花都大学生创意创新创业园落户，按广东省大学生自主创业相关政策给予优惠。

（2）体验孵化与项目孵化——参加真实企业运营体验实训的学生团队直接将所运营的创业项目转变为落地创业项目，实现公司化实体运营。

4．出口

经过实训后的大学生就业时分为两部分：

（1）一部分成功创办企业、落户广州，服务地方经济，他本人则成为当地企业家。

（2）一部分经过企业的实战训练后，综合职业素质和能力有了很大提高，被对接的企业或被其他企业选中，成为企业高管。

这种模式的特色是："特色课程＋线上模拟公司实训＋线下真实企业实战＋创业孵化与就业"全程跟踪服务。

（二）多元化专业指导服务系统

学生以学科专业为依托，以项目为载体组建创新创业团队自主或与企业对接进行创新创业实战，同时学院为学生提供信息咨询、创业培训、团队孵化、项目指导、基金扶持、政策支持等多元化的指导服务，为学生项目运营、企业与团队孵化搭建真实平台。如图5所示：

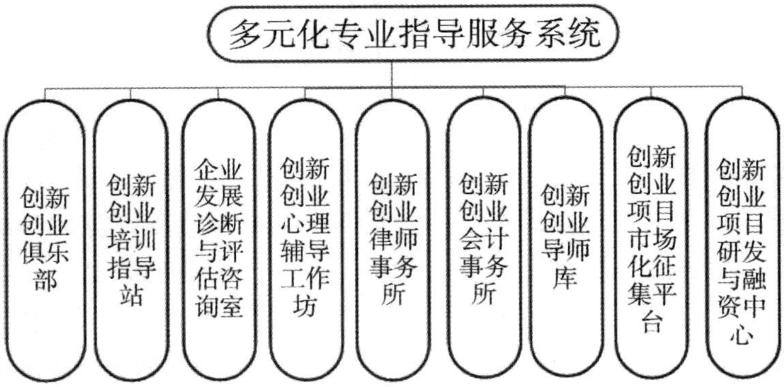

图5　多元化专业指导服务系统

（三）校企合作打造特色实验班

依托地区产业优势（如花都区的物流、汽车、珠宝、皮具等产业），通过校企合作，引进企业真实的项目，与大学生创新创业团队对接，通过线上模拟公司实训与线下全真企业实战相结合训练学生，提高学生的创新创业能力。

同时，待条件成熟时，与企业合作开设各种订单班或“三创”实验班，再引进企业有经验的一线高管为大学生团队开展讲座、沙龙、报告、论坛等系统活动以及开设各种特色实训课程，帮助学生尽快掌握创业和就业的必备技能，提高学生的核心竞争力，最终孵化出成功创业的学生团队或能适应市场需要、成功就业的学生。如图 6 所示：

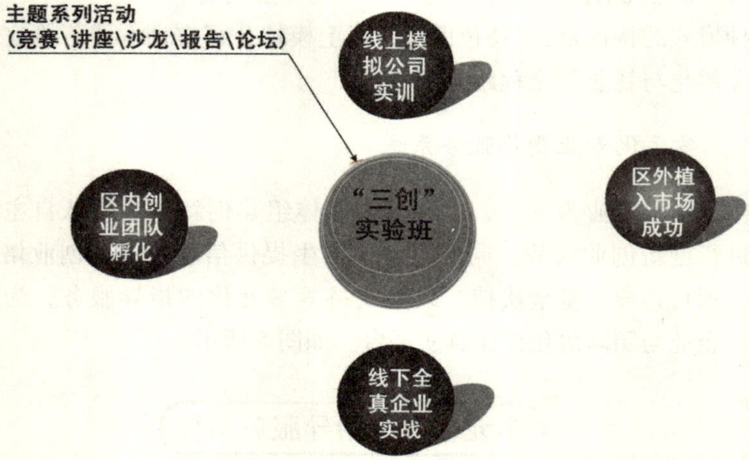

图 6　特色实验班运作

总之，广东培正学院创新创业教育学院将坚持“面向全体、基于专业、分类培养、强化实践”的原则，以“培养学生创新精神、创业意识、实践能力与社会责任感”为核心，通过构建“创新创业基础课程——创新创业实训——创新创业孵化”的一体化创新创业教育运作模式，促进校企间产学研深度合作，培养创新创业型应用人才，并将创新创业理念和内容与本科人才培养方案对接，创新创业教育学分与专业人才培养总学分结合，创新创业教育课程与专业课程体系结合，创新创业教育实践与专业实践教学结合，潜在创业者培养与就业教育、指导结合，创新创业教育保障措施与本科人才培养保障体系结合，使创新创业教育与素质教育、专业教育、就业教育一体化，提升学生灵活就业、岗位立业、开创事业、自主创业的能力与素质。

参考文献

[1] 李群如. 大学生创新创业教育路径的探索与实践［J］. 人力资源管理，2011（6）：173 ~ 175.

[2] 唐淑娟. 大学生创新创业教育平台架构研［J］. 电子商务，2013（9）：57 ~ 59.

[3] 教育部. 关于大力推进高等学校创新创业教育和大学生自主创业工作的意见，（教办〔2010〕3 号）.

[4] 曹胜利，雷家骕. 中国大学创新创业教育发展报告［M］. 沈阳：万卷出版公司，2009.

[5] 周荣莫，海兵. 高校创业教育实训模式研究［J］. 北京教育，2013（5）：69 ~ 70.

[6] 巩丽霞. 应用型本科高校的创业教育亟待变革［J］. 高教发展与评估，2011（7）：23 ~ 25.

利用校园周边企业群进行市场营销学的实践教学

张　波

摘　要　市场营销学的实践性教学是非常重要的，它不仅可以加深学生对市场营销知识的理解，还能提高学生用市场营销知识解决实际问题的能力。利用校园周边企业群进行市场营销学实践教学的一系列举措对提高实践教学问题具有重要参考价值。

关键词　民办院校；周边企业群；市场营销；单元教学实习

市场营销学是一门实践性非常强的应用科学，它是研究企业在市场竞争中求生存谋发展的学问，深受学生重视，广东培正学院每个学期都有800余人选修该课程，而学院又是一所以培养应用型人才为主的民办院校。因此，加强市场营销的实践性教学，提高学生解决实际问题的能力，具有十分重要的意义。

一、有效进行社会实践是提高市场营销教学质量的根本

市场营销学研究企业如何在竞争中达到经营目标、在竞争中求生存谋发展的问题，因此是一门实践性非常强的应用科学。在我们学院，它既是市场营销专业、汽车营销专业、连锁经营与管理专业的专业基础课，又是其他各专业的选修课，每个学期都有800多名学生选修该课。为了提高教学质量，更好地培养学生解决实际问题的能力，市场营销教研室的全体老师做了许多相应的努力。

首先，将市场营销的课堂教学分为10个教学单元：①市场营销概论；②市场营销环境；③购买行为；④目标市场与市场定位战略；⑤产品策略；⑥价格策略；⑦分销策略；⑧促销策略；⑨服务营销；⑩企业营销组织与计划。以单元为单位进行教学，能使学生更系统地掌握市场营销知识，便于其理解和记忆。

其次，有计划地改进教学方法，尤其加强案例教学，增加课堂讨论的课时数量。

通过上述努力，市场营销的教学效果有了很大的提高，但是要全面提高学生解决实际问题的能力，还必须加强实践性教学。第2单元至8单元教学结束后，马上进行教学实习，这样肯定会提高学生对课程内容的深入理解，并能用各单元的知识去解决相应的实际问题。当全部单元实习完成后，学生基本上就学会了用市场营销的原理和方法去解决实际问题，从而提高了用市场营销理论解决实际问题的能力。

目前，市场系的实习基地正在建设中，经过一段时间的努力，即使实习基地全面建成，投入正常运转，也只能接受毕业实习，不能接受单元教学实习。因为实习基地离学院比较远，而且规模有限，不可能接纳800余人作单元教学实习。因此，无论是现在，还是将来，单元教学实习不能在实习基地进行，必须另辟蹊径。

二、校园周边企业群是进行单元教学实习的最好场所

广东培正学院位于广州市花都区西北5公里处，西临集益水库，东靠群山，培正学院从中穿过。建校之初，校园周边没有居民，也没有企业。随着学校的发展，学生人数不断增加，在校园周边也出现了为学生生活服务的小企业，现在已形成一个具有80多家小企业的企业群，包括小型超市、小型日用品店、书店、饭店、快餐店、钟表眼镜店、美容美发店、水果蔬菜店、文化用品店、电脑维修部、服装店等。这诸多小店，规模不大，服务种类俱全，都以培正学院的学生为服务对象。例如，正对校门的怡苑餐厅，每天可出售160余斤大米的快餐，吃快餐的都是培正学院的学生。大家乐饭店每天要接纳近400名培正学院的学生用餐。几个杂货店、百货店的顾客也全是培正学院的学生。这些小企业，不仅对学生服务周到，而且一切行为都与培正学院密切相关，每当培正学院的新生入学，他们也张彩挂幅欢迎；每当培正学院放寒暑假，他们也纷纷闭店；每逢假期开学的前几天，他们便大量进货，整修门厅，学生一到校，他们便开店；学生的日常用品供应和生活服务主要依靠这些小店，它们已成为学校日常运营不可缺少的一部分，学生们在茶余饭后，也经常来光顾这些小店，对这些小企业的经理乃至工作人员都非常熟悉。

为了解决单元教学的实习问题，学院对校园周边企业群进行了全面调

查，发现这些小企业是进行营销环境、购买行为、市场定位、产品策略、价格策略、分销策略、促销策略、服务营销等八个教学单元的实习的好场所。学生通过在这里实习，可以在实践中理解市场营销学的原理，从实际感受中形象地认识市场营销方法，再通过实习报告，用自己的语言系统化地表达自己的收获，这既有利于提高学习效果，还可以提高用市场营销知识解决实际问题的能力。

利用校园周边企业群进行单元教学，有下列具体好处：

（1）利用校园周边企业群，可进行前述第 2 ~ 8 单元的教学实践，而实习地点处于校门口培正大道两侧，实习可利用课余时间进行，这样可使学生在每个教学单元的课堂教学结束后，及时进行实习，保证实习与教学内容紧密配合。

（2）学生是企业群的顾客，因此到这些企业实习，不会引起企业的反感，学生甚至可以在店中边买东西边进行实习，由于身临其境，情景逼真，实习效果更好。例如：学生到怡苑餐厅，用 5 元钱吃一顿快餐，边用餐边体验整体产品的内涵、服务的作用等，这种身临其境的实习模式，其实习效果肯定更好。

（3）学生利用课余时间，带着课堂上布置的实习课题，分散到各店观察实习，由于实习灵活，一个问题可在几个店内得到不同的反馈，这样会使实习所得更深刻。

（4）学生带着自己的问题，到自己非常熟悉的企业、小店实习，往往不需要教师在现场指导，这可解决教师数量不足的难题。

（5）学校不必支出实习经费。

上述这些优势是十分重要的，如果这种实习进行得好，会使校园周边企业群成为不可多得的教学资源。

三、认真组织，正确指导，保证教学实习顺利进行

（一）做好学生思想工作，提高实习的自觉性

当学生得知要到校园周边企业实习，会普遍产生一种怀疑情绪，认为只有到大企业实习，才能学到营销实践知识，而校园周边企业群，都是一些小企业，在这些小企业中实习，学不到营销知识。针对这一情况，在开始实习之前，各指导教师就要认真做好实习动员，向学生讲清楚小企业在

经营中也积累了许多课堂上没有讲授的营销知识。同时还要讲清楚，即使建立实习基地，到基地去实习，也不能按我们的教学单元进度实习，只能在毕业实习时才能做到。而且基地都是大型企业，它们的生产营销任务很重，实习的学生也只能是观察体验。在基地企业中，也不能让实习的大学生在具体的岗位上做具体的管理工作。从这个角度上讲，到校园周边小企业实习与到大企业实习，效果是一样的。而由于学生对这些小企业熟悉，小企业也比较重视我们的学生，双方相互了解，如果组织得好，会比在实习基地取得更好的效果。通过动员和正面引导，便可纠正学生对到校园周边小企业实习的偏见，这是搞好实习的基础思想工作。

（二）每次实习，教师必须指出明确的实习内容

每个单元教学结束后，在开始实习前，任课老师必须讲清实习的目的、任务、需要解决的问题，指定2～3个实习企业，将企业的经营范围向学生作介绍，让学生根据自己的实际情况自选一个企业实习，并按规定写出实习报告。例如，在进行市场营销环境实习时，让学生在学院周边的培中商店、恒生商店和步步高购物中心三个店中任选一个店进行实习，并指出重点是观察微观环境，尤其是对竞争环境作更深入的分析。这样，在实习地点上安排灵活，重点明确清楚，实习效果明显较好。

（三）规定实习时间，并写出实习报告

每个单元的课堂教学结束后，都要进行一次实习，实习要求学生在一周内任选时间完成，并写出实习报告，实习报告也必须按统一的格式写。

（四）激励措施

为了调动学生实习的积极性，提高实习质量，规定实习成绩占该门课程总分的20%。每次报告，教师要写评语和对报告打分，每一次报告最高分为5分，不交者为0分。报告按规定时间一次交齐，不许补交。

（五）认真总结，进行讲评

每次单元教学实习结束后，利用课堂时间进行小结，指出学生的优缺点和需要改正的问题。在实习过程中，大部分学生的积极性很高，他们不仅认真实习，还重视实习成绩，一些学生为了争取得到实习报告的5分成绩，都用计算机打字完成报告，并为报告设计精美的封面；一些得了低分

的学生，都借取高分的实习报告作参考，争取下一次实习报告得到高分。

通过实习，学生对市场营销的基本理论和方法的理解都有了一定的提高，同时还提高了学习的自觉性。

例如，管理学院第 12 班的一位同学，经过实习，提高了学习兴趣。对校内第一饭堂和第三饭堂进行了全面调查，发现第一饭堂的老板，对自己的员工管理比较宽松，工资也比较高一些，但对学生不够热心，饭菜质量不如第三饭堂。第三饭堂老板对学生比较关心，经常在学生用餐时深入学生之中了解情况，对自己的员工要求也比较严一些，工资比第一饭堂低一些。学生对第三饭堂比较满意，学院对饭堂进行检查，第三饭堂的名次总在第一饭堂之前。通过调查和对比分析，向任课老师报告对顾客让渡价值的体会，说得形象生动，理解得非常深刻。

该院第 4 班的一位同学，利用实习机会，对培中商店及其对面的恒生商店进行了比较分析，培中商店宽敞明亮，购物条件较好，但经营者对顾客缺乏热情；恒生商店低矮黑暗，购物条件差，但经营者对顾客热情，每当培正师生光顾，他都主动打招呼，在购物过程中，也为培正师生着想，在每天的19:00至20:40，这个学生对这两个经营商品几乎相同的商店进行观察后发现，到恒生商店购物的人是到培中商店购物的 1 到 6 倍，到恒生商店的人几乎都买东西；到培中商店的人，有不少是闲逛，逛过之后再去恒生商店买东西。这个学生由此得出结论：对于经营日常用品的小店，对经营者素质的要求比购物环境更重要。

四、进一步处理好实习需要解决的问题

为了使单元教学实习规范化，进一步提高实习质量，提高学生解决实际问题的能力，需要很好地解决下述几个问题：

（一）关于实习地点的建设问题

一个学期的单元教学实习证明：学生对这种实习是感兴趣的，参加实习的积极性很高，认真写实习报告，加深了对市场营销相关知识的理解，在一定程度上也提高了解决实际问题的能力。如果在实习期间，有教师在现场指导，或者能向经营者直接发问，经营者能回答学生提出的问题，这样会使实习的效果更好。但这需要解决一个问题，就是公开去学院周边小店实习。现在的做法是，学生利用课余时间分散去小店，老师不露面，各

店主都不知道培正学生在观察实习。如果老师去现场指导，或者让店主回答学生问题，公开了学生的实习身份，小店是否会同意？这需要民办院校有关职能部门与周边小店进行实质性磋商，共同协调有关问题。

（二）要考虑教师指导实习的工作量

根据目前情况，市场营销任课老师指导单元教学实习，并审批实习报告，在此情况下，一个教学班约有 60 人，一个任课教师指导 3 个班，约 180 人，这就产生了 180 份实习报告，阅读、写评语、评分需要 9 个小时，而且很累、负担很重，长期坚持这种实习，应考虑给指导教师相应的补贴并合理安排老师的工作量。

（三）编写实习教材

为了使实习内容规范，保证实习效果，应编写广东培正学院市场营销单元教学实习教材。

（四）制定学生实习守则

根据实习需要，编写学生实习守则，规范学生的实习行为。对不参加实习、抄袭实习报告的人，给予相应的教育，因为全校各专业都要进行各种不同形式的实习，建议学校组织人力编写全校各专业普遍适用的《广东培正学院学生实习守则》，供全校学生实习使用。

参考文献

[1] 靳医兵．知识经济与服务营销［J］．商业经济文荟，2001（1）．
[2] 何振亮．为什么服务营销不足？［J］．经营管理者，2005（5）．
[3] 钱红．服务营销与企业竞争［J］．云南民族学院学报（哲学社会科学版），1997（2）．
[4] 郭箐楠，敖楚斌．营销新趋势：服务营销［J］．科技与管理，2001（3）．
[5] 陈晔，苗泽华．服务营销是市场利器［J］．经济论坛，2001（7）．
[6] 陈祝平．论开展对服务营销的研究［J］．财经研究，1993（4）．
[7] 姚作为．透视服务营销的分析框架［J］．南方经济，2005（3）．
[8] 宋润生．论汽车服务营销的理念［J］．深圳职业技术学院学报，2003（2）．
[9] 虞晶．服务营销之见［J］．科技情报开发与经济，2005（4）．
[10] 俞利军．从吃说起——服务营销面面观［J］．网际商务，2001（z1）．

民办高校学生创业能力的提升方法

陈双红

摘　要　民办高校具有独特的办学理念和办学特色，培养学生的创业能力要先尝先试。针对当前民办高校学生普遍创业能力不强的现状，需要从落实教学理念入手，从学校教育的硬环境和软环境方面强化学生的创业观念和实践能力，创新人才培养模式，推进产学研深度合作，建立校企共赢、互利互惠关系，全面提升学生的创业能力，推动学生创业。

关键词　民办高校；创业能力；创新人才

党的十七大报告明确提出，“实施扩大就业的发展战略，促进以创业带动就业”。建设创新型国家，培养创新人才，以创业带动就业是大势所趋。然而，就业难成为了“瓶颈”问题。因此，在当前就业形势十分严峻的情况下，大力提倡大学生自主创业、以创业带动就业是突破“瓶颈”的路径之一。创业创造岗位，就业源于创业。创业不仅可以实现自身就业，还具有带动他人就业的“倍增效应”[1]。民办高校学生与公办高校学生在各方面都有显著的不同。与普通公办高校学生相比较，民办高校学生具有基础不足但爱思考、发展不匀但有特长、攻书不勤但爱活动、竞争失利但少负担、富有情感善于交际、目标实际较少挑剔的特点。因此，民办高校应大力加强对创业教育理论与实践的研究，找寻出一条与民办高校特点相适应的创业教育有效路径。[2]民办高校培养应用型人才、培育创业型人才更是责无旁贷。但是，从全国来看，民办高校大学生创业水平不高、创业能力不强。如何提升学生的创业能力，将是学界面临的一个重要课题。

大学生创业能力是指大学生在创业实践中的自我生存、自我发展的能力。大学生创业是一个复杂的劳动，更是一个艰辛的过程，需要各方面的综合能力，需要创业者具备较高的情商和智商。创业成功者必须具有三大要素：一要有坚强的意志，有屡败屡战的决心和思想准备；二要有科学的方法；三要勤奋地工作和艰辛地付出。大学生创业，必须要有一定的综合能力，这也是大学生创业能力的内核所在，主要包括以下几种能力：抗压抗挫能力、创新能力、领导和决策能力、经营和管理能力、社会交往和人际协调能力和专业技术知识能力。[3]

一、民办高校学生创业能力存在的问题

普通高校往往都是鼓励学生“先就业，再择业，最后再创业”。然而，刚毕业的大学生创业成功者却凤毛麟角。原因何在？笔者以为，除了外部环境因素以外，创业失败与学生的创业能力不强有重大关系。民办高校在鼓励学生创业方面要先尝先试，那么首先就要在培养和提升学生的创业能力上下功夫。然而，当前民办高校学生创业能力还存在着诸多问题。

（一）抗压抗挫能力不强

古今凡做大事者，必先“劳其筋骨，饿其体肤，空乏其身，…… 增益其所不能”。创业意味着从事一项复杂的工程。其间必然会遭受突如其来的压力、风险和挫折。如果就此气馁，必然一蹶不振，创业必然失败。当今大学生之所以创业失败，皆因于此。当前，大学生基本上都是独生子女，从小娇生惯养，当在外遇到挫折，往往哭鼻子。比尔·盖茨说：“人生是不公平的，习惯去接受它吧。”人生有好多次失败，其实并不是败给别人，而是败给了自己。对事业执著，屡败屡战是一个创业者必备的素质。史玉柱下海创业，他也曾一夜之间负债 2.5 亿元，可是他并未沉沦和气馁，顶着巨大的压力和风险，再次创业成为身家数百亿的著名企业家。创业失败并不可怕，可怕的是没有毅力。因此，大学生要想创业成功，必须先好好磨炼自己的意志，提高自身的抗压抗挫能力。

（二）创新能力弱

由于中国教育以前几乎都是应试教育，学生靠的多是死记硬背，所以学生创新能力低下。创业人员必须具备创新意识。没有创新，创业不可能成功。商场如战场，在这个知识更新加速的时代，科技一日千里。如果墨守成规，在技能、管理理念和方法上不能及时创新，很快就会被市场淘汰。其实，能够大胆选择创业本身就是一种创新，在当前就业难的情况下，创新者就是开拓者。在创业过程中，大学生需要不断创新，才能在商海竞争中永远立于不败之地。因此，在校大学生立志于创业，必须先培养自身的创新精神。

（三）领导和决策能力有待强化

创业者必须具有较高的领导、决策能力。创业并不是个人孤军奋战，通常是一个创业团队在工作。如何领导一个团队实现创业目标，需要一定的领导方法和领导艺术。领导者要学会做一个通才，要有多方面的知识和能力，才能统领大局，处事不惊，应对自如。在充分发挥集体智慧的基础上，创业者还要及时作出决策。要有战略思维，在决策时要有高屋建瓴的睿智和雷厉风行的做事风格。然而，很多学生在校期间却很少从事社团活动，也没有在社团和班级里担任领导职务，这方面的能力确实有待强化。

（四）经营和管理能力严重缺失

经营和管理能力如何是创业能否成功的关键。如果不经常参加社会实践、不去企业等单位体验，很难获得相应的经营能力。有的学生往往在校默默无闻，只知道埋头看书，不想做班干部或团干部，管理能力一直是严重缺失的。从创业来看，从人员的优化组合到培训和管理，从计划的规划、实施到评估和调适等，经营和管理无不渗透到创业的全部实践过程中。如果不善于经营和管理，将会使创业走向溃败。因此，大学生创业应该从小规模创业开始尝试，提升自身的经营和管理能力。经验需要积累，事业才能做大做强。

（五）社会交往和人际协调能力有待提高

社交能力和人际协调能力是创业者必须具备的能力，创业是一个团队共同完成的，因此，要有团队精神。创业者要有相当的亲和力，要善于化解矛盾和危机，给团队成员营造一个有安全感的氛围。要有一定的威信。要会运用团队文化协调各个成员的思想，能够统筹兼顾集体和个人的利益。如今，许多学生不愿意与人交流，在校期间独来独往，心灵的窗户是关闭的。社会交往和人际协调能力可想而知，别说创业，就是以后对一般的就业都极为不利。

（六）专业技术知识能力普遍较低

对于大多数创业者来说，需要把自己的知识转化为技能，用自己的服务和产品为社会服务。因此，在校学习的专业技术知识相当重要。然而，要想创业，就应在校期间格外加强专业知识的积累，尤其是实践部分的训练，有意磨炼自己的社会实践能力。也有创业者不是以自己的专业技术知识作为创业资本，但是综合知识能力还是要具备的。对于民办高校的学生，真正读书、学好专业知识的并不多。很多人跨入大学，就是混日子，浑浑噩噩地度过了自己的大学生涯。当创业需要运用自己学到的专业知识时，方知“书到用时方恨少”。

二、提升民办高校大学生的创业能力的对策思路

在当前就业形势严峻的情况下，以创业带动就业势在必行。民办高校要从学校的硬环境和软环境的改革入手，全力打造大学生创业平台。大学生可以通过多种形式来积累创业经验，培养和提高创业能力。具体对策思路如下：

（一）把学生的创业和就业作为学校工作的重中之重

学生创业成功率和就业率的高低是民办高校生存的关键。因此，民办高校应该把学生的创业和就业作为学校工作的重中之重。民办高校主要是培养应用型人才，为地方经济服务。学校要千方百计地创造条件，使这部分同学学会创业，提升学生的创业能力。如果学生创业成功，也可以提高学校的知名度。

（二）增加创业知识课程，深化课程改革

从当前民办高校来看，创业知识课程的开设还远远不够，很多学校甚至根本没有相关课程。针对当前市场经济的转型，社会更需要的是综合素质和能力比较强的毕业生。大学生毕业之后，能迅速找到工作，并能在职场上站得住脚的都是些能力比较强的学生，而能创业的学生更是能力非凡。因此，高校要深化课程改革，注重培养学生的实践能力，培养创业型人才更是任重而道远。在大学开设创业教育、创业案例讲解、创业投资等创业课程，把创新创业教育面向全体大学生，纳入教学主渠道。[4]

（三）引进和培养“双师型”教师，狠抓课堂实践教学

“双师型”教师具备相应的实践经验和应用技能，更加适合去培养创业型学生。而当前民办高校教师中的“双师型”实在少得可怜，所以应该大量引进和培养。高校可以重金聘用，还可以鼓励现有教师去企业兼职。另

外，聘请企业主或企业高管到学校兼课也是一个好办法。他们不仅可以带给学生诸多实战知识，还可以使学生真正体验到企业管理的意境。甚至一些优秀的学生毕业后，经他们引荐可以去他们公司工作。高校要狠抓课堂实践教学，增加实践教学的课时。教师更要在课堂上多多引用一些创业成功者事例去激发学生的创业斗志和信心，精心传授创业的方法和技能。这样才能让有志创业的学生“吃饱”。

（四）学校实验室和实验设备建设

学校实验室是大学生就业和创业的摇篮和训练基地。学生在这里可以提高动手能力，把书本知识转化成实际技能。因此，民办高校要加强实验室建设，完善实验设备。这样学生即使不出校门，也能接受到相关技能的训练。学校要投入资金增加实验设备的采购。引进最先进的实验设备，与市场相配套。让学生得到充分的创业就业训练，为他们将来走出校门创业成功打下坚实的基础。

（五）教学计划和教学大纲要更新，培养方案要紧扣实际，强化学生的动手能力

民办高校要十分注意教学计划和教学大纲的更新，培养方案要紧扣实际，培养学生的动手能力。书本知识必须要转化成实际技能才能符合市场经济的发展。

培养方案要随着市场需求不断变化和更新。创业圈流行一句话就是：“太相信书的人，只能成为打工仔。”这意味着知识必须活学，“尽信书则不如无书”。书上的东西要想尽快转化成生产力，为人所用，更需要转化成让学生接受的通俗易懂的实践知识。“高分低能”的学生一旦踏入社会，生存都成问题。我们常常发现以前在班里成绩好的学生到了社会上以后，若干年后事业还不如成绩差的学生成功。当然原因有很多，但是在学校是否受到素质教育和能力的强化也是一个重要原因。因此，高校教育要不断更新教学计划、教学大纲，紧扣实践，培养学生的动手能力，从而促使学生能力的提升。

（六）营造创业环境，加强社团建设

在高校营造创业环境，社团建设是主要阵地。高校要加强创业和就业社团建设。如广东培正学院的“未来企业家协会”搞得很有特色。它鼓励

学生参加各种创业社团，让学生走出校门，主动联系企业，引进赞助基金，开展一些带有企业特色的活动。此外，学校还要运用网络媒体加强对创业的宣传，如让学生参加网络上举办的各种创业比赛。学校自身也要经常举办创业知识竞赛和创业规划比赛，比如根据各个系的专业知识举办“创业之星”系列活动，引领学生关注中华创业网、中国营销传播网、中华英才网等网站信息，指导自己的创业，提升学生自身的创业技能。

（七）鼓励学生充分利用社会资本创业，培养学生的社交能力

社会资本以关系网络的形式存在。学生创业，首先必须掌握社会资本，充分利用一切人际关系，加强“情感”投入。从资金的引入到企业的管理，都需要充分发挥社会资本的效力。要获得社会资本，学生的社交能力就显得相当重要了，因此高校要充分培养学生的社会交往能力。从社团的小团体到社会的大团体，都需要学校和家庭、社会共同为学生营造创业氛围。学校要加强学生的口头表达能力和人际交往能力的训练，通过组织各种活动为学生打造锻炼能力的平台。

三、推进产学研深度合作，为学生搭建创业平台

（一）创新人才培养模式是推进创业能力教育的关键

“培养什么样的人”和“怎样培养人”，是高校首先必须面对和解决的基本问题，民办高校作为高等教育不可缺少的组成部分同样不能例外。然而，不能不承认，我国高校原有的人才培养模式存在着明显缺陷。如果人才培养模式不能有效创新，求解“怎样培养人”的问题就是空话。民办高校具有公办高校无可比拟的灵活性、自主性，因此，要想提升民办高校学生创业能力，必须要在改变人才培养模式上下功夫，推进创业能力教育。

人才培养模式的创新，理念是先导、是灵魂。只有实现育人理念的创新，才能真正实现育人模式的创新。因此，民办高校在制定人才培养模式时，必须改变传统的教育观念，要致力于人才培养模式的改革实践，努力形成自己的办学特色。如广东培正学院面对高等教育的新形势、新任务、新要求，特别是面对民办高等教育严峻的竞争形势，学校董事会和校领导矢志不渝、潜心钻研、精心凝练、悉心探索，创新了“培智、正德、尚行、

立新”的校训，倡导了一系列教育新理念，践行了若干大胆的改革实践，初步探索了一条产学研结合、培养高素质应用型人才的新路子。

（二）以创新引领推进产学研深度合作，培养具有国际视野和创业能力的高级应用型人才

学校要根据新特点、所在地区的地理优势和地区经济产业特色，切实开展好创业教育，探索出一条培养具有国际视野和创业能力的高级应用型人才的切实可行的路子。

1. 深入开展社会调研，了解社会需求

广东培正学院地处广州市花都区，利用白云国际机场的地理优势和狮岭国际皮具城、东风日产、联邦快递等主流产业，根据实际情况，组织开展地区经济发展需求的调研计划与行动，大力推进“走进花都”行动。

2. 邀请用人单位参与人才培养方案的制订

学校要根据社会需求，通过校政、校企尝试深度合作，邀请用人单位参与学校人才培养方案的制订，确定独特的人才培养目标和规格，构建起具有培正特色的国际视野和创业应用型人才的课程体系，培养符合社会和地区经济发展需要的创业人才。

3. 为专业建立行业背景，开创应用型人才培养新途径

通过专业、产业、职业的紧密对接，争取产业、行业和企业的支持，建立校企优势互补、深入融合的关系，互利互赢，促进生产环境教学化、生产过程教学化、生产技术人员教学化，在产学研的融合中培养应用型人才。

4. 积极推进校内校外实习和实践教学基地建设

学校要运用资金加强实习基地的建设，各系部要根据自身的专业特色建立自己的实习基地。它应与企事业单位建立友好合作关系，联系有专业特色的实习基地，不断输送学生到实习基地学习实践。毕业生仅受到企事业单位的欢迎还远远不够，要积极与政府、企事业单位联系、联合，建立互利双赢关系。民办高校还应该打造自己的校办产业。有一定经济实力的高校，应该利用自己的专业知识资源创办相应的企业，走产学研一体化道路。学校有廉价的人力资源和丰厚的知识资源，完全有能力打造校办产业平台。如果没有一定的资金，可以先将学校的后勤化服务承包出去，面向学校员工和有能力的学生公开招标。这样既可以为学校经济创收，又为学生提供了创业平台。学校也可以创办“创业一条街”，给予优惠政策，吸引

广大学生创业。

5．选派专业教师到企事业单位挂职锻炼

要贯彻落实好《广东培正学院教师到企事业单位挂职锻炼暂行管理办法》，选派专业教师到企事业单位挂职锻炼，让教师真正了解用人单位的实际与需求，转变教学理念，掌握现代教育教学思想方法，创新人才培养模式，改革教学内容，不断更新教育和教学方法，培养经济发展需要的创业人才，提高学生的创业能力。

6．利用社会资源协同育人

要通过协同创新，建立学校与企事业单位联合培养人才新机制，促进与其他学校和行业、企业、行政事业单位、科研院所、政法机关等企事业单位协同育人。学校要扩大目前与广州蓝盾信息安全技术有限公司、东风日产、会计师事务所、狮岭国际皮具城、花都区人民法院的合作以及与花都其他高校的校校合作，通过订单式培养和协同育人，培养社会需要的应用型和创新型人才。

参考文献

［1］［4］中共中央宣传部理论局．从怎么看到怎么办——理论热点面对面．2011［M］．北京：学习出版社，人民出版社，2011.

［2］［3］肖芳，代小磊．民办高校创业教育模式探究［J］．科协论坛（下半月），2010（2）：151～152.

围绕专业开展学生第二课堂的活动

——以广东培正学院行政管理专业为例

李　凡

摘　要　行政管理专业的学生对于自身专业的知识内涵和专业的就业趋势普遍缺乏认识。为了加强专业学科与第二课堂的联系，激发他们的学习兴趣，民办院校有必要组织学生开展以围绕专业课程建设为中心的第二课堂活动。这样既可以使学生避免盲目地开展活动，又可以适当地检验他们的专业知识储备，加强学生对本专业的实践认同感，从而达到第二课堂素质教育与教学相长的要求。

关键词　第二课堂；行政管理；民办院校

广东培正学院开展的第二课堂活动是丰富校园文化生活的一项重要举措，所谓第二课堂是指在学校教学计划之外，引导和组织学生开展的各种有教育意义的健康的课外活动，它包括政治性的、学术性的、知识性的、健身性的、公益性的和有酬性的（如勤工俭学）、服务性的各种活动。[1]作为民办院校，第二课堂在很大程度上营造了课堂教学之外的校园学习娱乐氛围，它是潜移默化地影响人和开放性地培育人才的园地。

虽然这些活动在一定程度上满足了同学们对于课堂之外的学习和兴趣要求，但是从总体上讲，第二课堂活动与专业的关联性还不够强，其中文体娱乐活动占据了学生的大部分第二课堂时间。专业的拓展性还不够广，知识性也不够深。也就是说，我们的第二课堂活动还没有形成学科方面的特色，需要进一步挖掘、深化专业内涵。现在，我们以公共管理系行政管理专业为例，探讨本系学生的第二课堂如何围绕专业知识进行组织和构建。

一、行政管理专业第二课堂建设的构想

公共管理系目前只有行政管理专业。行政管理专业是一门实践性很强的管理学科，它受到行政学、政治学、管理学、法学等多方面学科的影响，

学科本身的交叉性、边缘性特点决定了其专业定位的模糊性，要在丰富多彩的第二课堂活动中凸显本专业的特色和优势是比较困难的。

第一，本专业同学对于行政管理学科的知识结构内容不甚清楚，对将来的就业趋势缺乏了解，有的出现了消极厌学的情绪。针对这一状况，我们有必要制定出适合行政管理专业学生的第二课堂活动，以提高同学们的学习兴趣，辅助任课教师的课堂讲授，拉近专业学习与课外活动之间的距离。

第二，第一课堂和第二课堂的衔接工作没有做好，专业拓展教学还没能渗透到我们的第二课堂活动中。尤其对于广东培正学院这样一个民办高校的新兴专业来说，大部分同学都是调剂后分配到行政管理专业进行学习的，他们的头脑中还没有形成专业意识，专业基础也相对比较薄弱，系部也还没有前瞻性地指导学生应该如何围绕专业来开展第二课堂的构建。以上原因造成了学生在第二课堂中难以建设性地开展本专业的活动，面对其他专业的特色活动则有盲目跟风的倾向。同时，本年度的学士学位评估工作马上就要展开，专业评估建设需要从多方面进行，因此，学生的第二课堂活动是检验我们办学成果的一项重要内容。围绕专业进行第二课堂活动既可以回答同学们普遍反映和关心的对于本专业不知道要学什么、应该怎样学的问题，也可以使大家对自己本专业的就业前景和发展状况有更进一步的了解，更可以使学位评估工作找到有力的落脚点。本专业的第二课堂活动是在院团委和学生会的统一领导下展开的、具有专业建设性的人才培养工作。从总体上看，行政管理专业学生的知识能力不同，对专业的认同度和了解度也不同，因此，需要让学生树立专业素质培养第一、辅以第二课堂促进学习的集体意识。以往第二课堂留给同学们的印象，主要是一种依照自己的兴趣爱好选择，对于自身专业学习的帮助不是很大的课外活动。一些老师也有这样的看法，认为教师的教学活动是学生完成专业知识学习的主要途径，实践教学是学生学以致用的重要保障，至于第二课堂应该属于学生的自由安排，不需要在教学中加以指导。这种想法既违背了教学相长的素质教育目标，也割裂了课堂学习与课外辅导手段相结合的关系。我们应该在第二课堂与第一课堂之间架起一座沟通的桥梁，并为行政管理专业的实践教学搭建平台，让学生能够在突出专业知识的拓展活动中获得综合素质的提高。因此，这不是单纯的学生课外活动，需要教务处和科研处在学习管理上予以支持。

第三，行政管理专业第二课堂活动应凸显专业的学科特色，它既不过分强调思想政治教育与道德修养的作用，也不提倡学生只参加文体娱乐活动等素质教育。本专业相比其他门类专业的特色之一就是它特别强调学习的实践性，可以说没有实践教学活动就失去了行政管理专业人才培养的灵魂。根据这个特点，我们要将课堂上僵硬的、封闭的、狭窄的行政学、政治学、管理学、法学的知识理论内容融汇到课外的实践活动中去，发挥第二课堂活动内容的丰富性、组织的灵活性、形式的多样性、知识容量大的优势，让同学们在轻松愉悦的氛围中实现对课内知识的掌握，检阅他们对行政管理实际问题解决的方法，升华他们对行政管理专业知识的理解。由于行政管理学科交叉化的知识内容，影响到了我们在第二课堂活动中的选择，学生不知道如何开展具有本专业特色的实践活动，认为不管我们如何创建自己的第二课堂，都会带有其他专业活动的色彩。实际上，内容上的重合并不影响第二课堂形式的创新，我们要在第二课堂中重点开展深入社会、关注民生的实践活动，让社会成为我们最宽广的第二课堂。再者，行政管理专业的学科目标是“培养德、智、体全面发展，掌握行政管理基本理论和专业知识，熟悉行政管理的政策法规，具有行政管理业务能力与素质，能适应党政机关、社会团体和企事业单位的行政管理工作，能从事行政管理方面的教学、研究工作的专门人才”[2]。

第四，行政管理专业第二课堂活动必须结合本院系的实际情况，充分整合校内外的现有资源，在院系配合的基础上发挥同学们的首创精神。要把第二课堂活动的主动权交给学生，在力所能及的范围内给他们提供精神支持和物质保障。当下，第二课堂活动在广东培正学院蓬勃开展无疑是与上级的重视密不可分的，尤其是关乎学校荣誉的大型文艺表演、学科竞赛等对外活动更是受到格外关照。反观系部组织的一些活动，因为规模小、影响力有限，所以基本上都是自己筹措经费和申请场地，这使得我们不得不花费很多时间和精力去拉赞助、搞宣传，以缓解学生经费预算有限所带来的巨大压力。所以，对第二课堂活动要做到量力而出，充分利用现有的教学资源和教学条件。例如，可以通过承办与协办特色的专业学科竞赛获得学院的物质支持；也可以与其他系部或学生社团开展合作，举办针对我系行政管理专业背景的第二课堂活动，还可以利用互联网参加政府部门或者行政管理部门的各类考试，获得专业资格证书等。以上活动形式在控制活动成本的基础上既兼顾了学院对各系部活动的整体组织，又使得学生能有足够的时间自由参与，对他们职业技能的培养和将来就业的帮助是不言而喻的。

二、行政管理专业第二课堂活动的落实

（一）筹备阶段

按照学院的要求，每学期开学的前两周内，各系（部、中心）应将本学期的第二课堂活动计划（包括活动目的、内容、时间、场所和经费预算等）上报学生处，由学生处审核批准后才能正式开展活动。因此，事先做好一份切实可行、并且有专业特色的策划书非常关键。待策划书做好后，需征询科任老师对第二课堂活动的建议，争取他们在目的、内容和实施方法上给予指导。同时，辅导员做好时间、场所和经费预算的审定，以不影响教学秩序为前提，保证学生经费总体不会超支，规定学生充分利用课余时间和学校场地有计划地开展各种相关活动。学生会必须做好通知和报道工作，可以通过广播、互联网等快捷便利和信息涵盖面大的手段进行宣传。

（二）实施阶段

在校内方面，主要是利用课外学习时间开展学科竞赛活动，如定期开展行政管理专业的案例讨论活动，“定期举行时政知识竞赛、时政演讲、时政辩论赛以及公文写作竞赛，以提升学生的表达能力”[3]。定期组织学生参加学校的各类时政报告、政策分析讲座，提升他们对时政的理解能力。利用学校计算机实验室，训练学生计算机应用、现代化办公和行政信息处理能力，练习编制行政计划与人事考核方案，举办公务员行政能力测试和申论网络模拟考试等。在校外方面，主要利用周末和假期让学生走入社会，考察各种社会组织管理模式和运作流程，“组建社会调查服务队，就时政热点、民生问题进行专题调查，在教师指导下撰写社会调查报告，为政府部门的决策提供参考。同时，提升学生的文字写作水平”[4]。教师要鼓励学生参加公务员考试，省考和国考对学生来说都是难得的实战机会，也会为将来的就业打下坚实的基础。辅导员要加强思想上的引导，强调专业学习拓展活动的重要性。学生会安排工作人员做好考勤和记录，在学期末总结的时候作为教师统计成绩和辅导员对学生德育分评定的依据。

（三）总结阶段

第二课堂活动结束后应该及时总结，对于表现优秀的集体和个人予以

表彰和奖励。如果是集体参与的，在每一项活动结束后的一周内，都必须填写我院的《第二课堂活动记录表》，并把活动的具体方案一起上交学工处备案。如果是个人参与的，需要到学期末填写《学生课外科技活动学分取得情况汇总表》，统一由辅导员交给科研处，作为学分统计的凭据。学生会在每学期末须对第二课堂活动进行总结，效果较好、影响力比较大的特色活动，系部予以继续支持，学生反映效果一般的活动则予以淘汰。同时，应该邀请教师和辅导员对我系的第二课堂活动进行点评，总结经验和改进不足。

三、对于行政管理专业第二课堂实践活动的展望

当今世界是知识经济时代，社会选择人才的标准越来越趋向于实用性，而实用性的核心是创新能力和实践能力。因此，只靠第一课堂的知识讲授很难达到培养实用型人才的目的。行政管理专业的实质是研究国家政策、研究社会发展的学科，更应该具备引导学生走出课堂深入社会的创新实践。要训练和培养本专业大学生的创新能力和实践能力，必须依赖高校的第二课堂活动开展。就人才培养而言，没有专业特色的第二课堂活动只能是哗众取宠的表演，加强这方面的研究有助于把我系的第二课堂变成求真务实的精品活动，有助于检验和转化学生的学习成果，也有助于深化和拓展学生的专业知识，提高他们的专业技能。纵观学院近几年学生的第二课堂活动，已经形成了自己的特色：社团数量庞大、规模空前，全校共42个社团组织，包括文化交流协会、红蓝电脑协会、知识加油站、证券期货投资协会、连锁经营研究协会、酒店管理协会等，几乎所有的院系都有自己的社团组织和成员；校园活动异彩纷呈，包括各种知识讲座、竞赛和社会实践活动，学习、文体和娱乐活动等。这是一个有着十几年发展的学校所必备的优秀的学生活动传统，已经积淀起来的第二课堂文化大大促进了学生对第一课堂所学知识的延伸和扩展，从而确保其实践能力及综合素质的提高。

《广东培正学院课外科技活动学分实施办法》已经出台，其中将课外科技活动作为选修课程列入专业培养方案，要求本科专业学生至少选修课外科技活动2学分，学生参加后在学期末记录取得课外科技活动0.5学分。通过学分鼓励同学们多参加校内外的专业拓展活动是一个良好的举措，但我们的目标并不仅此而已，关键是要让学生在实践中获得丰厚的专业收获。所以，我们更要走向社会，从中了解党政机关、社会团体和企事业单位制

定决策的依据，掌握社会各类机构的行政管理规律，也才能为社会主义市场经济建设提出切实可行的专业意见。江泽民同志在北京大学百年校庆时向全国高校提出了“培养高素质创新型人才”的要求，《高等教育法》明确指出：我国高等教育的任务是培养具有创新精神和实践能力的高级专门人才。大学生课外科技活动作为对第一课堂的有益补充，是培养和提高学生创新素质的重要途径。[5]

第二课堂还要包含具有专业特色的素质教育活动，否则便不能满足学生进入大学求知创新的根本要求，偏离“以人为本”的综合素质教育理念。培育良好的第二课堂文化，打造一批具有专业特色的第二课堂活动将是我系学生工作的一项长期任务。要将此项工作落到实处，才能使我系学生的工作始终沿着正确的方向前进，才会在第二课堂建设中走出一条符合我系学生专业特色的道路。

参考文献

[1] 藏小荣等．大学开展第二课堂活动的意义和作用［J］．煤炭高教研究，1992（2）：32.

[2] 常天义等．高等学校素质教育与第二课堂［M］．哈尔滨：哈尔滨工程大学出版社，2002：26.

[3] 周凌霄等．行政管理专业实践教学体系建设研究［J］．教育与职业，2011（27）：150～152.

[4]［5］张素敏．行政管理专业第二课堂教学的载体设计与路径选择［J］．出国与就业（就业版），2011（15）：121～122.

学 生 工 作

从“人生导师”角色定位谈民办高校辅导员的队伍建设

巫幸兴

摘　要　角色定位准确是高校辅导员做好工作的前提和基础，当前种种原因导致民办高校辅导员角色定位有较大的偏差。培育人生导师式的辅导员是民办高校辅导员队伍建设的必由之路，而努力谋求学校对辅导员队伍建设的支持力度、把好准入关、加强培训、成立辅导员工作中心、科学考核是民办高校建设人生导师式辅导员队伍的有效路径。

关键词　民办高校；人生导师；辅导员

民办高校是我国高等教育事业的重要组成部分，经过二十多年的发展，我国很多民办高校已经升格为本科院校或者已有了较好的社会效益，发展规模也到了一个相对稳定的时期，发展目标已逐步从过去扩大规模的外延式道路向提高教学质量、培育特色人才的内涵式道路转变。因此，就民办高校学生工作而言，其目标和要求已不是仅仅满足和停留在学生和校园的稳定方面，而是更需要有特色、有内涵的育人模式和高素质的学生工作队伍。那么回到学生工作的主体——辅导员，我们不禁要问，辅导员究竟是干什么的？民办高校辅导员应该如何正确进行角色定位，才能满足新时期民办高校学生工作的需要？角色定位准确是高校辅导员做好工作的前提和基础。定位很重要，就像演戏，演员没有正确的角色定位，就不可能演好一场戏，达到导演的要求。那么，应该如何重新认识和定位辅导员角色呢？

《普通高等学校辅导员队伍建设规定》（教育部 24 号令）总则中规定：“辅导员是高等学校教师队伍和管理队伍的重要组成部分，具有教师和干部双重身份。辅导员是开展大学生思想政治教育的骨干力量，是高校学生日常思想政治教育和管理工作的组织者、实施者和指导者。辅导员应当努力成为学生的人生导师和健康成长的知心朋友。”[1] 过去我们认为或印象中的辅导员就是：一个从事学生教育管理的工作人员或是学生工作者，俗称打杂的。显然，这个定位与《普通高等学校辅导员队伍建设规定》是不相符的。

一、人生导师角色定位的辅导员是教书和育人相结合的高校教师

《普通高等学校辅导员队伍建设规定》对定位为学生人生导师的辅导员提出了五条工作要求和八条职责。要满足这些工作要求和职责，辅导员需要掌握系统的大学生思想政治教育相关的专业理论，并且通过有效的教育活动，最终帮助学生树立正确的世界观、人生观和价值观，使其养成良好的道德品质、心理品质和品格。同时，还需要掌握学生工作的调查、研究和分析，及时了解学生动态，处理好学生安全稳定、学生资助、就业指导、班集体管理等学生事务性工作。可见，作为大学生人生导师的辅导员在完成本职工作时，一定要将教育教学、工作研究、成果应用等环节有机结合，缺一不可，并非谁都能够胜任辅导员。

毫无疑义，定位为大学生人生导师的辅导员，就是一名教书和育人相结合的高校教师。和一般意义上的教师相比，区别只是在于将第一课堂、第二课堂的界限模糊了；将教学的场地从教室延伸到校园、宿舍、社会和家庭；将教育的结果评价从一张考卷扩展到对学生个体和集体的思想、行为、修养的整体评价；将教育的单位时间，从学期延续到学生整个在校期间。[2]定位为学生人生导师的辅导员，应当尽快明确自己的专业领域和工作研究方向，主动承担教育任务，努力成为思想政治教育、心理健康教育、职业生涯规划、学生管理等方面的专门人才。

二、民办高校辅导员角色的现状及问题

为什么明文规定了辅导员的高校教师身份是学生的人生导师，民办高校辅导员却还是高兴不起来？这就涉及民办高校辅导员角色的现状及存在问题。

（一）学校对辅导员角色定位不明

定位不明导致辅导员往往处于尴尬位置：是教师，但很难有机会从事教学工作，也不参与教师职称晋升机制，更没有教师待遇，如假期待遇明显不同。是管理者，但整天处理的是琐碎的学生日常事务，更多的是学校与学生之间的一个信息传达者和勤杂工，甚至部分领导者也认为辅导员就

是学校管理学生的保姆、维持学校秩序的编外警察或者就是学生的生活老师，这就产生了“辅导员工作谁都可以做，是万金油职业，是学校分流的富余人员首选”的误解。

（二）缺乏认同感和归属感

就辅导员的职业发展而言，目前还没有一个明确的完善的职业标准和专业人才规格，无论是辅导员自己还是学生、其他教职工对辅导员职业的认同度都比较低。不少辅导员很难在自己的岗位上找到成就感，也就渐渐淡化了自己的本职工作意识而被动工作。

归属感就是感觉自己属于某一个特定的组织、地域和群体。例如，工作中你属于某一个学校，你感觉到自己属于这个学校，它的存在与你息息相关，这样你就有归属感，否则，你就没有归属感。如前所述，辅导员因缺乏认同和关注，必然导致没有归属感。

（三）对前景感到迷茫

据了解，辅导员们对所从事岗位普遍感到事务繁杂、工作强度高、责任重大。另外，辅导员职称普遍偏低，非思想政治教育等专业很难在科研领域中有所建树，加上现行的机制没有给辅导员提供多大的发展空间，导致大多辅导员对职业发展前景感到茫然，从而影响了他们的职业发展（“不想一辈子做辅导员”是很多辅导员的心声）。

（四）队伍流动大，更换频繁

不少辅导员一有机会就马上改行，很多学生在大学生活中换了几任辅导员。我系2005级专科曾经有一个班级在大学三年内换了四任辅导员。辅导员队伍人员流动频繁，加上学校对辅导员岗位重视不够，随意安插，更加加深了在岗辅导员对前途的迷茫，他们无法从前任同行和工作中找到成就感和可能实现自我的价值。所以，不少人把辅导员作为职业生涯的过渡。

三、培育人生导师式辅导员的路径

（一）努力谋求对辅导员队伍建设的支持力度

要加强辅导员队伍建设，就必须取得董事会和行政领导对这项工作的高度重视和大力支持。学校党委和学生工作主管领导要经常向董事会和校务会通报辅导员队伍建设的情况，说明学生工作，特别是辅导员队伍建设对学校发展的重大意义，使董事会和行政领导将辅导员队伍建设纳入学校议事日程中，把这项工作作为学校教师队伍和管理队伍建设的重要任务来抓。从而获得董事会和行政部门对辅导员队伍建设存在困难的现状的理解，使董事会和学校在人员配备、经费支持、福利待遇等事项上给予支持。

（二）把好准入关，加强培训

要按照教育部、教育厅等主管部门出台的文件要求进行配备与选聘，把好准入关，杜绝随意安插。培训是人生导师式辅导员成长的必由路径，培训主要包括：①岗前培训，主要是学校及省教育厅关于政治理论和业务技能的培训；②岗中培训，主要是结合学生工作现实情况和需要，开展有针对性的培训和外出考察、交流学习；③进修学习，主要是有计划地安排辅导员参加专项学习和进修，如心理咨询师、职业指导教师资格认证培训，以及选派到国内知名高校，甚至是国外考察研修等。

（三）成立辅导员工作中心

辅导员工作中心不是一个行政机构，与学校学生工作指导委员会相类似，主要是为人生导师式辅导员提供教育教学、工作研究、实践应用的一个平台。通过这个平台加大培养力度，提高队伍整体和个体的工作能力，使辅导员真正满足大学生人生导师的工作要求。辅导员工作中心主任由学校分管学生工作的校级领导担任，学生处、教务处、团委、就业中心、思想政治教学部、心理健康教育（中心）教研室等与学生工作关系密切的部门为成员单位，办公室可设在学生处，负责日常组织等协调工作。

辅导员工作中心下设不同专业研究方向的辅导员工作室，如思想政治教育研究方向辅导员工作室、学生事务管理研究方向辅导员工作室、学生素质拓展研究方向辅导员工作室、贫困生资助研究方向辅导员工作室、大学生职业生涯规划研究方向辅导员工作室、心理健康教育和咨询研究方向辅导员工作室、学生党建研究方向辅导员工作室等。各辅导员工作室的主持人由学校聘请相应的专家兼任，辅导员可根据自己的专业基础、兴趣爱好、工作需要来选择不同研究方向，从而选定自己的专业发展方向。工作室融教学、研究和实践于一体，这一显著特征特别适合人生导师的队伍建设。

每学年辅导员工作中心都会根据学校的工作实际向各工作室下达研究任务或课题，再由各个工作室的主持人将任务分解到各个辅导员，引导辅导员真正深入到学生当中去，深入研究具体的问题，从而成长成为思想政治工作、职业生涯规划、学生管理、心理健康教育等方面的专门人才。各工作室根据需要，也可以吸收相应兴趣的学生加入，参与项目的调查、资料的收集整理、数据的统计分析等，从而减轻辅导员的事务性工作。

四、为辅导员评优评先、职称评定、职务晋升、转岗、任免等提供评价依据

培育人生导师的考核是辅导员强有力的制度保障，因此，考核必须科学、客观，做到三个坚持：一是坚持定性考核与定量考核相结合，不搞一刀切；二是坚持过程与结果相结合，重结果，更重过程；三是坚持平时考核与年度考核相结合，不将考核变成负担。

最后，从辅导员自身层面来说，转变自身观念也尤为关键，在职业定位上，应转变思想观念，要由眼前的“过渡性”、“临时性”观念，向长远的、崇高的、终身事业的认识转变，树立高层次的职业理想，消除工作上的短期行为和任意行为。从现在高校改革和发展来看，辅导员专职教师化、专职教师辅导员化将是我国民办高校发展的必然趋势。做好辅导员工作、成为学生人生导师并无任何秘诀，只要辅导员具有一定的奉献精神、持续的工作热情、强烈的责任心、先进的工作理念、扎实的工作作风、不断学习的精神，并贯之于日常工作中，就能把工作做好，从而阐释和品味辅导员的人生价值。

参考文献

[1] 教育部．普通高等学校辅导员队伍建设规定 [DB/OL].

[2] 邱枫．辅导员工作中心：辅导员“人生导师”职责实现的管理体制探新 [J]. 高校辅导员学刊，2010（6）.

论民办高校学生会干部之培养

刘树晓

摘　要　民办高校学生会干部作为学生中的优秀成员，甚至是精英分子，培养其成为社会精英应是民办高校学生培养的一项重要内容。根据民办高校学生会干部的特点，本文指出其精英意识薄弱的原因，创立提高综合素质和增强其精英意识的培养方式，为民办高校学生会干部培养提供参考。

关键词　综合素质；民办高校；学生会干部

当前，民办高校学生会干部的培养比较偏重于学生会干部的业务技能，忽略学生会干部思想意识方面的素质培养。学生会干部是学生中的优秀成员，甚至是精英分子。民办教育是我国教育事业的重要组成部分，加强民办高校学生会干部的思想素质教育，培养其精英意识显得尤为重要。民办高校学生会干部的培养应通过提高其综合素质，增强其成为社会精英的意识，使其成为中国特色社会主义的合格建设者和可靠接班人。

一、民办高校学生会干部的精英意识

同大部分公办高校一样，民办高校的学生会干部的特点较之于其他普通同学是明显的。他们是学生当中的优秀分子和积极分子，在学校承担一定的管理职务，是老师日常管理工作和教学工作的好帮手，是沟通学校与学生之间的重要桥梁和纽带。他们比其他同学有更多的锻炼机会。因而，这些人显得阅历更加丰富，做事更加老练，对事物的认知能力相对普通学生要强，思维的独立性、批判性、灵活性和敏捷性以及思维的广度和深度，均已达到相对成熟的水平。[1]与其他同学相比有独立性、联系性、实践性、表率性和成熟性的特点，[2]有优秀的精神品质、全面的个人素质、丰富的实践经验等[3]。同时，一些研究者也注意到这些学生会干部仍存在着这样那样的不足，如功利思想较严重、服务意识淡薄、缺乏全局意识和大局意识、缺乏责任感、个人威信不高、自律意识不强、缺乏集体观念、团队协作意识较差、工作主动性和创新性不够[4]，以及价值取向西化，追逐名利、不善沟通、威信不高、工作思路不清、方法欠佳等[5]。然而，笔者以为，除了以上特点外，民办高校学生会干部还存在一个严重的不足，就是社会精英意识普遍薄弱。这恐怕不仅在民办高校，在大多数公办高校也存在类似情况，而民办高校显得更为严重，至今问题本身受到社会关注的程度仍然不高。

精英是指社会上具有卓越才能或身居上层地位并有影响作用的杰出人物。与一般天才和优秀人才不同，精英在一定社会里得到高度评价和合法化的地位，并与整个社会的发展方向有联系。[6]意识有多种含义，当它与“精英”连用构成“精英意识”时表示能够自觉地抱有某种目的心理活动。而“精英意识”就是自觉地希望成为社会上具有卓越才能或身居上层地位并有影响作用的杰出人物，并且这种意愿应具有持续性。精英意识是更高的眼界、更专业的知识、更多的实践机会、更早的社会化以及更坚定的信仰和政治素质。精英理论认为，社会的统治者是社会的少数，但他们在智力、性格、能力、财产等方面超过大多数被统治者，对社会的发展有重要影响和作用，通常被认为是社会的精英。其中极少数的政治精英代表一定的利益集团，掌握着重大决策权，他们的政治态度、言行，对政治发展方向和前景产生重要影响，也决定着政治的性质。[7]

大学生是社会主义未来的合格建设者和可靠接班人，他们中的精英未来也必将主导着社会的先进文化方向，主导着国家与社会未来的发展，在知识积累和思想建设的最初阶段，学校的教育良知必须赋予他们以未来社会精英的使命，增强他们的精英意识，为他们创造条件，培养他们成为精英的可能性。

然而，在民办高校，由于体制的问题，教育渐趋于产业化、市场化，教育的培养人的功能呈现变质的趋势。虽然“民办”高校与“公办”院校同称为“国办”，但是在教育理念上是有着很大差别，这其中很重要的一个原因是民办高校的办学者多是企业家身份。企业家办学与教育家办学是有差别的，企业家考虑得更多的恐怕是办学的效益，而教育家考虑更多的是办学效果。企业家作为学校的领导核心，其办学的理念直接影响到教师对学生的培养，花最少的成本达到效益的最大化在民办教育里直接导致对学生的培养意识略显弱化。民办高校学生会干部群体的成长情况在民办高校里并不是一项对学校办学效益有明显影响和直接帮助的内容，长期得不到重视，这严重阻碍了民办高校学生会干部的精英成长道路。

与公办高校不同，大多数民办高校的学生会缺乏专业的指导老师，有的甚至连专门的指导老师都没有，学生会的工作干脆由辅导员兼任。这就容易造成民办高校学生会干部的工作缺乏专职性和专业性的指导，直接影响学生会干部能力和素质的提高，许多学生会干部的成长处于“自生自灭”的状态。另外，指导老师一方面由于不是专职指导学生，专业自我提高、自我完善程度相对较低，另一方面学校组织的业务方面的培训相对较少，系统性、科学性、有效性等都有待加强。最重要的原因还有，由于办学体制和办学性质的原因，民办高校的指导老师往往不能长期稳定地从事学生工作，工作人员流动过于频繁，没有形成稳定的良好的可持续发展的指导教师队伍，是造成学生会干部培养缺失的重要原因。

在缺乏专业指导老师的情况下，民办高校学生会干部还是可以从学校自身的运行体制和学生会的传统模式中得到锻炼和提高，而大多数民办高校建校时间不长，办学经验仍缺乏积累，学校的建制还不够完善。教职员工流动率较高导致学校的许多建设缺乏相应的延续，一个领导一种作风，一届领导一套模式，不能形成稳定的模式和传统。民办高校学生会干部在这种频繁变化的情况面前显得无所适从，这就不能很好地让他们在缺乏有效指导的情况下实现自我服务、自我管理、自我教育，最终达到自我成长的目的和效果。按照教育部的规定，每200名大学生必须配备1名高校辅导员来负责学生在校期间的各项工作。大多数民办高校都能严格按照这个标准确定编制。然而，专职化的辅导员带班制的后果是将学生整体强行分块，班级直接受辅导员领导，班干部听命于自己的辅导员而对于学生会干部的工作指令则明显弱化。加上民办高校学生会的干部在业务能力和领导气质上的欠缺，不能在广大学生中树立较高的威望，大大降低了学生会干部的身份认同度。

二、共同关注民办高校学生会干部的培养工作

对于一个学校而言，资源总是有限的，全面的精英教育是不实际的，对于学生的培养应该有所区别。学生会干部是学生中的优秀分子、积极分子、先进分子，他们承担大量的学校事务工作，是连接老师与学生之间的纽带和桥梁，是学生管理教育工作中一支重要的力量。培养他们带动其他同学共同进步应是学校重要的辅助性教育手段。首先让学生会干部成为学校的精英，提高其在广大同学中的影响力和威望，增强其号召力，从而带

动其他同学，形成良性循环和良好氛围。

高校的思想政治教育当然是最主要的内容，但如果只将培养人才的重心集中在课本的教学内容上，就显得不能与时俱进了。古人讲“因材施教”，是说要注重学生的多样才能和不同特点，针对不同的学生应该采取不同的培养方式和培养关注度。因此，针对学生会干部这一特殊群体，笔者认为应该将对学生会干部的培养纳入到学校的教学培养计划中，建立多渠道、多形式的培养机制，才能让这一群体的学生得到更好的发展。学生会干部因为同时要身兼两种身份，工作和学习任务相对繁重，如果能将其学生工作部分的实践用于抵消其公共选修课的部分学分（最多不超过 2 个）的话，那么学生会干部就既能节省修习课程学分的时间，又能够系统地完成工作业务方面的学习和实践。

学校领导应重视学生会干部的培养工作，将其当作一项重要的学生培养任务来抓，当作学校提升办学质量和打造品牌教育的一项工作来抓。学校各职能部门应形成合力，建立有效的学生会干部培养考核机制，通过各种场合表彰，各种活动凸显“学生会干部”这一光荣称号，使其在学校形成吸引力和影响力，增加这个称号的含金量和号召力。学生会干部在学校的“精英”身份一旦不能确立，其开展的工作将难以得心应手。另外，确立学生会干部的“精英”身份有助于吸收更多的同学参与到学生工作的队伍之中来接受锻炼和培养，从而不断丰富和更新学生会的干部人才，为学生会的整体运作提供新鲜血液和强有力的支持，使学生会永葆活力，进而走入可持续发展的良性运作轨道。

从源头抓起，保证优秀的学生被吸收到学生会干部队伍中来。没有好的生源就很难有好的培养效果。每一所大学里都不乏优秀人才，但民办高校中最优秀的人才往往不能被吸引到学生会中来，其中最重要的原因是这些人才认为民办高校学生会并非一个精英的摇篮。民办高校有关职能部门应该优化学生会干部的选拔和考核制度，做到科学选拔、科学管理，形成良好有效的机制。

许多学生一开始总是抱着极大的热情进入学生会，他们认为，成为学生会干部不仅能够为同学和老师服务，更重要的是在这个过程中能提高自己的综合素质和各方面的能力。民办高校由于缺乏专业的指导老师，在各方面的培训上资源不足，无法增强学生会干部的精英意识。所以，应该加强学生会干部的理论水平、思想境界、全局意识、统筹管理能力、组织策划能力、沟通协调能力、实践调查能力、口头表达能力、逻辑思维能力、社交礼仪能力和突发事件处理能力等的培养，多组织类似的培训和交流活动，让学生会干部能尽快提升自己的综合素质。

学生活动是学生进行锻炼的综合活动，也是学生会干部能力、素质综合展示的一个重要平台。活动本身的理念则反映出学生的审美品位与思想内涵。民办高校多为培养应用型人才为主的学校，在教学内容上，人文、社科、哲学、美学、文化修养等方面的课程设置严重不够，不能满足现代大学生的审美要求，一定程度上影响了学生审美水平和文化内涵的提高。通过开展具有高品位、深内涵的学生活动，让学生会干部能够在思想导向上和审美趣味上得到不断提高。

三、强化学生会干部培养的机制

前已论及，学生会组织与班级组织存在某种程度上的断层，上级学生会干部与基层班级干部的联系不够紧密，应该在这两者之间建立良好交流和沟通的桥梁。比如，在基层设立班级联合会，直接隶属于学生会，学生会的部分活动可通过招标或竞投的方式下放到基层班集体，由基层班集体自主开展活动，学生会则作全面的组织统筹和协调沟通，这样既加强了两者之间的联系交流，学生会干部也可在活动组织中提升在广大基层学生中的威信，更好地培养其成为精英。

然而，民办高校学生会与外界交流是较少的，尤其是与知名高校学生会之间的交流则更少。学校应该为学生会干部提供更多的与外界接触的机会，无论是思想意识、业务水平还是管理方法和模式，都可以与知名高校学生会进行交流学习。学校还可以将一些与校外合作的或对外开放的工作让学生会干部参与其中，甚至由他们来组织开展工作，增强其社会实践能力，提高社会化程度。

榜样的力量是很重要的，也是很有效的。中国一直以来是一个榜样教育的社会，在群体中树立一个榜样，以使其他人有模仿的对象，是中国自古以来的一种重要的教育方法。我们可以邀请一些比较有影响力、比较能为大学生接受的社会精英到校作演讲交流，通过这些人的文化背景、知识含量和人格魅力来影响学生，提高学生对社会责任以及对社会精英的认识。

培养具有多方面才华、全面发展和有较强动手能力的学生会干部，作为民办高校人才培养目标的补充，是完善民办高校人才培养的有效途径。学生会干部的培养应受到相应的重视，尤其是在民办高校，在找准学生培养目标定位的同时，还应注意学生会干部的培养是另外一个思考的角度，尤其是培养具有较强综合能力和社会精英意识的学生会干部，将有助于提高民办高校的办学质量和办学地位，也是培养国家干部不可或缺的重要环节。

参考文献

[1] 仇小梅．论新时期高校学生干部心理发展特点［J］．中国科教创新导刊，2010（14）．

[2] 吴振达．高校学生干部的特点与培养思路［J］．世纪桥，2011（11）．

[3]［4］王攀．高职学生干部的特点分析［J］．知识经济，2011（20）．

[5] 李礼．新时期高校学生干部特点、不足及培养方式探析［J］．教育文化，2011（11）．

[6] 辞海［M］．上海：上海辞书出版社，2000．2330．

[7] http：//baike. baidu. com/view/1255143. htm.

政府的责任：大学生生命教育的拷问

张韵君

摘　要　尽管生命教育在国外发展已相对成熟，但我国大学生却缺乏系统、规范的生命教育。引导大学生认识生命、尊重生命、体验生命，提高大学生对生命价值以及人生目标的理性认识，不仅是大学生健康成长的必然要求，也是落实以人为本的科学发展观、构建社会主义和谐社会的必然要求。因此，政府应积极倡导生命教育理念，在行政与制度上确立大学生生命教育的合法性，加强大学生生命教育师资队伍建设，构建大学生生命教育的内容和课程，积极组织开展大学生生命教育研究，并启动立体化生命教育体系。

关键词　政府责任；大学生；生命教育；生命价值

从世界范围来看，生命教育的提出已颇有时日。生命教育的研究源于人们对死亡的思考。美国早在20世纪50年代末就开始了死亡学问题的研究。与此同时，美国还在学校开设“死亡教育”课程，并在西方逐渐成为一门教育分支学科，后来发展为“生死教育”。从20世纪60年代中后期以来，一些国家开始明确提出生命教育和敬畏生命的道德教育，并且积极实践。与此同时，以“生命教育”为主题的各种学会、组织也相继出现。1968年美国学者杰·唐纳·华特士首次明确提出了生命教育的思想，并在美国加州创建阿南达村、阿南达学校，倡导和践行生命教育，探讨关注人的生长发育与生命健康的教育真谛。在西方国家中明确标举“生命教育”概念的，当数1979年在澳大利亚悉尼成立的“生命教育中心”（Life Educational Center，简称LEC），现已发展成为一个国际性机构。“生命教育”的概念一经提出，立即引起世界各国教育界的普遍关注，影响迅速扩大，并逐步形成一种新的教育思潮。英国也从课程改革着手，提出教育要顺应学生的生命成长规律。1989年日本修改的《教学大纲》针对青少年浪费、破坏自然环境、自杀、杀人等日益严重的社会现实，明确提出要以“敬畏人的生命”与“尊重人的精神”观念来定位教育目标。

一、生命教育的演化及其在大学教育中的缺失

1996年前后，台湾校园内一再发生暴力和自杀事件，引起了当局教育部门的高度重视，并开始在学校开设生命教育课程，设立“生命教育委员会”，还将2001年定为“生命教育年”。20世纪末香港对生命教育也予以极大关注，其生命教育从宗教的角度开展，内容涉及宗教教育、德育、伦理、公民教育等，出版了《香港的生命教育》、《爱与生命》等专著。香港还设立生命教育委员会推行生命教育活动。

20世纪90年代，国内教育研究领域开始关注生命教育。从文献检索来看，最早可以追溯到叶斌、张志刚1996年发表的《大学生自杀原因浅析及对策》一文。同时，一些教育研究者也开始阐述生命教育的理念并出书立著。河南大学于2004年组织出版了生命教育系列丛书，包括《生命的畅想：生命教育视阈拓展》等。此外，南京师范大学冯建军教授也著有《生命与教育》一书。这些研究成果主要集中在生命教育必要性和内涵的讨论，而且受国外及港澳台地区生命教育实践的影响，大都主张在中小学校即基础教育阶段推行生命教育。

在实践领域，国内许多地方积极开展生命教育的行动。2004年11月，辽宁省正式启动“生命教育工程”，在全省中小学开设正规的“生命教育课”，对学生进行心理健康、毒品预防、法制安全、公共卫生、环境保护等方面的专题教育；2005年3月，上海市正式公布了《上海市中小学生命教育指导纲要》，希望通过建立学校、家庭、社会资源共享的生命教育体系，引导和帮助学生热爱自己的生命，进而尊重他人生命，树立积极的人生观；2008年8月，云南省开展实施了以生命教育、生存教育和生活教育为主要内容的“三生教育”试点工作，旨在通过教育的力量，使大学生树立正确的生命观、生存观、生活观。可惜，目前我国民办高校，包括多数公办大学还没有将生命教育作为学校教育的组成部分纳入教育计划中，对大学生缺乏系统的、规范的生命教育。

尽管生命教育在国外发展已相对成熟，但在我国大学教育中，大学生生命教育长期以来并没有占据重要地位，并在一定程度上存在生命教育“空场”的现象。引导大学生认识生命、尊重生命、热爱生命、体验生命，提高大学生对生命价值以及人生目标的理性认识，不仅是大学生健康成长

的必然要求，也是当前高校学生管理的一个重要而紧迫的课题，同时更是落实以人为本的科学发展观、构建社会主义和谐社会的必然要求。

二、大学生生命教育的价值

所谓生命教育，目前国内外现有的研究成果对其内涵的理解多种多样。钱巨波在《生命教育论纲》一文中认为，生命教育的含义包括三个方面："一是教育要确认生命的整体性和人发展的主体作用；二是要按照人生命成长、发展的规律和社会需求实施教育；三是其终极目标是培养人热爱人生，珍视生命，塑造健全的人格，充分开发人的生命潜能和人生智慧，为受教育者实现人生的最大价值奠定基础"。在高等学校开展大学生生命教育，就是要根据人的生命本质及发展规律与社会进步的需要，制定教育目标，构建课程体系，组织教育教学活动，使大学生的身心得到充分自由和谐的发展，成为充满生命活力，具有健全人格、鲜明个性和创新智慧的一代新人。[1]这是大学生生命教育开始摆脱其传统的主题与范式，并赋予越来越多深刻内在价值的直接原因。

（一）增强大学生对生命意义的体认

伴随着市场经济的深入发展、现代化进程的不断加快，文化转型、价值观念变迁、社会失衡、生活节奏加快、竞争加剧、情感和生活问题等不利因素对心智和心理承受力尚未发育成熟的青年大学生提出了严峻挑战。[2]相当一部分大学生迷失了自己的精神世界，失去了人生参照系，对生命的意义和价值浑然不知，对生命感到困惑、彷徨和消沉，甚至轻言放弃，漠视自己或践踏他人生命的事件时有发生。大学生非正常死亡逐年增多，自杀的人数呈明显增长，反映出当前大学生生命意识的淡薄和高校生命教育的缺失。生命教育注重对生活的感知以及生命的体验，本质上符合回归"生活中心的趋势"。大学教育要引导学生树立生命责任意识，使他们能够更好地尊重和保护自己及他人的生命，这是大学教育的当务之急。[3]因此，大学生生命教育必然要超越生命教育原有的中小学范围和纯粹的学术理论研究而开始获得越来越鲜明的实践性价值，以此增强"个体对自我生命的体认、肯定、接纳、珍爱，对生命意义的自觉、欣悦、沉浸，以及对他者生命乃至整个生命世界的同情、关怀与钟爱"[4]。

（二）促进大学生个体生命力的张扬

教育的本体是人，教育的本质是生命的成长。“教育是直面人的生命、通过人的生命、为了人的生命质量提高而进行的社会活动，是以人为本的社会中最体现生命关怀的一种事业。”[5]然而，大学生在学校所受的教育成果基本都体现在分数上，教育被简化成一系列量化的指标和既定的程序，这样的教育必然忽视人文精神的培养，学生获得的是知识，而缺失的是文化，拥有的是技能，缺少的是素质。意大利教育学家蒙台梭利曾深刻地指出：“教育的目的在于帮助生命力的正常发展，教育就是助长生命力发展的一切作为。”[6]因此，教育首先应以人和人的生命力为本，关注人的成长与发展。遗憾的是，高校至今仍缺乏对学生生命关怀的教育氛围，缺乏明晰的教会学生正确面对生命的教育，造成一些大学生表现出冷漠、孤僻的情感特征，生命情感发育不足，在精神上无所寄托，对生命的意义和价值产生怀疑，陷入了深刻的精神迷惘和意义危机，无法领悟生命的价值和生活的意义，处于和自然疏离、和社会疏离、和人自身疏离的深刻的困境焦虑中……对大学生进行生命与健康、生命与安全、生命与成长、生命与价值和生命与关怀的教育，形成健康的生命价值观，对个体生命和生命价值以及人生的目标和意义形成理性认知，树立积极的生命道德观及整体生命责任观，以宏观的视野去审视人类存在的意义与价值[7]，从而厘清人生方向，更好地为实现人生价值、创造人生辉煌而珍惜生命、呵护生命、提升生命。正如文艺复兴后期法国最重要的道德学家米歇尔·蒙田深刻指出的“我们的教育仅仅不使人变坏，那是不够的，应该使人变好”[8]。生命教育的目的就是通过多种渠道和方式帮助大学生学会自我反省与自我觉察，使之认识到内心深处的最珍视的东西——生命的存在，让教育回归基本面——生命的成长及丰富。

（三）丰富大学生生命的社会内涵与价值目标

人的生命不仅是一个自然过程，更是一个社会过程。马克思曾说过：“人的本质并不是单个人所固有的抽象物。在其现实性上，它是一切社会关系的总和。”[9]有了人的生命，才能组成社会，才能改造社会，才能建设社会。人不仅是自然存在，更是社会存在，个体的生存和发展是与社会各方面的发展紧密联系在一起的。人生价值的实现是以社会整体利益的发展为基础的，个人的全面发展必须以人类的全面提升为平台。正如赫舍尔所说的那样："人可以创造意义，也可以破坏意义：但他不能脱离意义而存在。"[10]"人是不会满足于生命支配的本能的生活的，总要利用这种自然的生命去创造生活的价值和意义。"[11]通过生命教育引导大学生在参与社会公共生活的过程中认知并履行对他人、对社会所应承担的职责和义务，深刻地认识到个人的生存和发展依赖于社会的发展，以及社会的发展离不开每个公民的共同努力。以人为本，培养大学生健全的生命观，正确对待自己、他人和社会，正确对待困难、挫折和荣誉，塑造自尊自信、理性平和、积极向上的社会心态，通过关注人与环境、人与自然以及人与社会的和谐，培养学生尊重生命、爱惜生命的态度，进而尊重关怀、欣赏生命，学会体验生命、热爱生命、拓展生命，生命教育才具有丰富的社会内涵与崇高的社会价值目标。

三、政府的责任：大学生生命教育的呼唤

（一）在全社会范围内树立教育的生命意识，营造生命教育氛围，促进学生的全面发展

长期以来，我国传统教育十分重视对学生的知识传授，重视发展学生的智力，而最根本的、最重要的生命教育却未能得到应有的重视。1996 年，国际 21 世纪教育委员会向联合国教科文组织提交的题为"教育——财富蕴藏其中"的报告中指出，"教育应当促进每个人的全面发展，即身心、智力、敏感性、审美意识、个人责任感、精神价值等方面的发展。应该使每个人尤其借助于青年时代所受的教育，能够形成一种独立自主的、富有批判精神的思想意识以及培养自己的判断能力，以使由他自己确定在人生的各种不同的情况下他认为应该做的事情"，只有这样，才能使他们在学习和生活中感受到生命和人生的意义。当教育仅仅作为学生获得知识和生存竞争的工具时，主动思考人生的意义、价值和尊严就成为教育的盲点。因此，政府应该积极倡导全社会转变教育观念，树立教育的生命意识，充分认识到学生个体生命的健康成长、个体生命质量的提升是社会发展的动力和社会发展的标志，从而使我们的教育培养学生在身体、智力、道德、精神、人格等方面都得到全面的发展，成为一个真正的人、一个有尊严和价值的人。[12]

（二）在行政与制度上确立大学生生命教育的合法性

我国现行的集权式行政管理方式实际上规定了广泛实施大学生生命教育具有很强的路径依赖，即这种教育的普遍开展离不开国家的重视及行政的主导。目前，在推行和发展动力上，国内大学生生命教育甚至整个生命教育主要是源于教师和学术机构的自发努力。毋庸置疑，这种仅仅靠一人、一校或一地之努力来推动大学生生命教育是远远不够的。国家应承担起责任，加强对大学生生命教育的政府干预，确立生命教育的制度合法性，采取行政的、法律的、经济的手段，强有力地整合各种力量、统筹多种教育资源来加强大学生生命教育，这是当前积极开展大学生生命教育的关键。[13]

（三）加强大学生生命教育师资队伍建设

教师是大学生生命教育的具体实施者，师资队伍是实施大学生生命教育面临的现实难题。各级政府要切实担当起大学生生命教育教师队伍建设的重任。一是政府要把大学生生命教育的师资队伍建设纳入教育事业发展和人才队伍建设的总体规划，加强领导，统筹安排。二是构建大学生生命教育师资培训体系，明确指导思想，制定长远目标，采取有效措施，提供充分保障。建立和完善有重点、分层次、多形式的培训体系，努力使培训工作经常化、制度化。重点深化岗前培训、课程轮训、骨干教师研修和在职培训，努力提高教师的理论素养、教学水平和科研能力。三是建立开放、灵活的人才配置机制，吸引、鼓励高等学校内部相关专业学术带头人和教学骨干，专职或兼职承担大学生生命教育的教学任务，发挥优质教师资源的示范与辐射作用。积极争取从社会各界聘任理论研究、教学单位和实际部门的专家学者和领导干部承担一定的生命教育理论课教学。努力建设一支对生命有所发现与感悟、懂得尊重与关怀的、具有较高人文素养的专兼结合、动态发展、骨干带动、全员参与的教师队伍。四是建立有效的引导激励机制。在教育系统各类教师表彰体系中，要对在大学生生命教育工作中爱岗敬业和创新创造取得显著成绩的教师进行表彰奖励，增强教师的责任感和荣誉感。要及时发现、树立大学生生命教育的教师先进典型，加大宣传、推广力度，发挥导向作用。

（四）构建大学生生命教育的内容和课程

2006年1月8日的《中国教育报》有一篇文章《期待生命教育成为大

学必修课》中提到："大学生在伦理学、哲学、心理学等课程中虽然也涉及一些有关人生的问题，但不系统，大学生应该接受专门的生命教育。"开设生命教育课程，这是学校实施生命教育的最基本途径。美国、英国、日本等国家和我国台湾与香港地区对生命教育比较重视，研究较早，开设有单独的生命教育课程。日本在1989年的《教学大纲》中，明确提出了敬畏人的生命与尊重人的精神这一理念的教育目标，并拨出专款对此进行专门的探索和研讨。[14]台湾地区在生命教育课程建设方面编写并推行了《生命教育概论》、《哲学与人生》、《宗教与人生》、《生死关怀》、《道德思考》、《性爱与婚姻伦理》、《生命与科技伦理》、《人格统整论》等生命教育课程，针对性强，教育效果显著。[15]

我国一些高校近年来也逐渐开设了有关大学生生命教育的课程，2005年，哈尔滨医科大学开设"生命教育"选修课程。武汉大学已经将生命教育从思想道德教育中独立出来，专门开设了"生命教育"通选课。华南农业大学、广州大学开设了"生死学"课程。但总体上来说，我国高校还没有形成系统、规范的大学生生命教育内容和课程体系。生命教育内容广泛，从广义上讲，在大学课程中处处都可以渗透生命教育。例如在思想政治教育课中确立教育为人的生命发展的目标，有意识地增加生命教育的内容；在心理健康教育课中帮助学生全面了解生命的基本知识，进一步学会心理适应的技巧，实现自我认同，学会与人交往；在法制教育课中明确保护生命的权利和义务等。生命教育与思想政治教育课、心理健康教育课、法制教育课是不可分割的，但同时它们又有许多不同。生命教育包括生命价值与意义教育、人格教育、生死教育、生存教育、审美教育、成功与挫折教育等。树立生命教育理念，加强大学生生命教育，政府作为教育的策划者和统筹者，应该重视大学生生命教育的调研工作，制定教学纲要或者指导意见，积极构建和规范大学生生命教育的内容和课程体系，把独立课程、渗透课程和综合课程有机结合起来，融合贯穿于整个教育过程中。要积极推进大学生生命教育进课堂、进教材，开发出内容丰富、形式多样、生动新颖的生命教育教学资源，努力把生命教育作为精品课程和重点课程进行建设。

（五）形成合力，启动立体化生命教育体系

生命教育更多的是一种综合性的教育活动，是一项学校、家庭、社会积极互动的系统工程，需要社会各界给予大力关注。政府应该积极整合社

会各方面力量，形成立体化生命教育合力。在学校教育中，不仅要发挥生命教育课程的独特作用，而且要利用学科渗透、主题活动，在教育教学中普照生命的关怀，将生命关怀的意识融化在课堂、班级、校园文化之中，打造生命化的校园文化，使生命教育成为学校文化的重要组成部分。生命教育需要家庭的积极参与。在家庭中要营造温馨、宽松、民主的氛围，给孩子带来快乐、幸福的生活体验。同时，家长在孩子成长的过程中要教育孩子学会认识生命现象、体味生命的珍贵，对孩子进行积极引导。社区要开展积极的教育活动，将生命教育与保护环境、关爱健康等融为一体，营造良好的社区人文氛围。“体现不到生命活力的快感和意义所在的人，就不可能有积极主动的表现，而愈是感到生命的可贵与美好，人就愈会热爱生命并使生命表现出最大的意义。”[16]政府要制定相应政策，积极动员社会力量为大学生生命教育提供社会实践机会，在大学生中开展多元化的实践体验活动，引导学生在实践中掌握生命知识，形成正确的生命态度和生命意识，培养对社会及他人的关心，在实践中感悟生命的意义和价值。如组织探险、露营等让学生体验成功和苦难，从而更加珍惜自己、他人的生命；组织大学生参加志愿者活动，扶贫助困，引导大学生学会关爱与施予，从而增强生命的责任感；组织大学生到烈士陵园、革命纪念馆、名人故居等德育教育基地参观，让大学生懂得生命的价值和意义；组织大学生参观看守所、戒毒所等，使大学生树立法律意识，增强其自我防范意识，维护生命的尊严。社会各界要增大对高校贫困大学生的援助，让他们感受到人间的温暖，从而消除自卑感，更加热爱生命。同时要为高校毕业生提供更多的实习就业机会，以缓解大学生的就业压力。政府要成立专门的生命教育机构，为实施生命教育提供组织保障。要加强对报刊、影视、出版物、网络等媒体的监管，引导新闻媒体和网络为社会公众树立正确的生死观，防止不健康的信息对大学生的负面影响。

高校实施大学生生命教育的目标在于整体规划高校生命教育的内容序列，形成学校、家庭与社会优势互补、资源共享的生命教育实施体系。只有学校、家庭和社会三者充分发挥合力作用，使各种教育形式在教育内容上保持适当的平衡和一致，才能为大学生的成长提供一个全方位的良性教育空间。

（六）积极组织开展生命教育研究

由于我国的生命教育起步较晚，现阶段更多地停留在“奔走、呼吁、探讨”的层面，系统的理论研究还非常欠缺，现在已有的关于大学生生命教育研究也多依附于大学生心理健康教育、思想政治教育、法制教育的研究中，专门针对大学生的生命教育研究却很少。因此，对于大学生生命教育的目标、内容、原则、方法及实施途径等还需要从理论和实践上进行全方位探索，进一步深化生命教育的理论研究，为生命教育的实践提供坚实的理论支撑。

政府教育行政主管部门和理论研究机构应该将大学生生命教育的课程建设、教材建设、教学方法改革、教师队伍建设、学科建设以及教学中重要理论和实际问题的研究等作为重要选题，列入国家教育科学研究和人文社会科学研究规划中，推出一批高水平的大学生生命教育理论及教育教学的研究成果。各地各高等学校要结合本校实际，设立专门项目，开展科学研究，不断提高大学生生命教育教师的科研能力，为大学生生命教育提供对应支撑。同时，政府应积极支持成立相关的生命教育研究会开展研究工作，利用专业协会整合各会员单位和个人力量，加强国内外各高校间有关大学生生命教育的学术交流与合作，鼓励高校教师积极参与生命教育研究。另外，各高校还可根据实际情况成立“大学生生命教育中心”，进行专项的教育和研究活动。更为重要的是，要采取有力措施将研究成果及时地推广出去，让每一个大学教育工作者，特别是让辅导员都能了解大学生生命教育的有关基本理论、有效方法，从而使他们对这项工作的重视建立在科学认识的基础上，自觉、自愿地重视大学生生命教育，积极主动地投入到大学生生命教育的工作中来。

参考文献

[1] 刘济良．生命教育论［M］．北京：中国社会科学出版社，2004.

[2] 杨骏．加强大学生生命教育的思考［J］．河南教育（高校版），2007（8）.

[3] 陈文斌，刘经纬．大学生生命教育探析［J］．中国高教研究，2006（9）.

[4] 刘铁芳．生命情感与教育关怀［J］．湖南师范大学社会科学学报，2000（5）.

[5] 叶澜．为“生命·实践教育学派”创建而努力［J］．教育研究，2004（2）.

[6] 郝德永．人的存在方式与教育的乌托邦品质［J］．高等教育研究，2004（7）.

[7] 林常清，王海平．大学生生命教育的基本内涵及现实需求分析［J］．中国医学伦理学，2009（1）.

[8]［法］蒙田．蒙田随笔全集［M］．南京：译林出版社，1996．155.

[9] 马克思恩格斯选集（第1卷）［M］．北京：人民出版社，1995．56.

[10]［德］尼采著．赵登荣译．悲剧的诞生［M］．桂林：漓江出版社，2000．27.

[11]［美］P．蒂利希著．成穷，王作虹译．存在的勇气［M］．贵阳：贵州人民出版

社，1998.

[12] 冯宇红．从大学生自杀和校园暴力论大学生生命意识［J］．黑龙江高教研究，2010（7）．

[13] 徐德胜，文竹，吴小龙．近十年国内大学生生命教育研究综述［J］．武汉电力职业技术学院学报，2010（2）．

[14] 杜应发．高校开展生命教育的几点思考［J］．东莞理工学院学报，2008（4）．

[15] 胡海建．生命教育——课程改革的新视角［J］．广东教育，2008（11）．

[16] 张曙光．生存哲学——走向本真的存在［M］．昆明：云南人民出版社，2001.

编后记

广东培正学院作为新时代的民办大学走过了20年办学之路，为国家培育了一批又一批建设人才，其不竭动力源于坚持改革，此次结集入选的21篇文章就是近年来我校教改实践的成果，旨在投石问路，从而走出一条中国特色的民办高等教育办学之路。

在十八大精神的鼓舞下，深化民办高校的改革以期达到民办高等教育的可持续发展是每个“新时代民办教师”都要认真思考的现实问题。值此校庆20周年之际，《民办高校深化改革研究文集》作为献礼，呼唤将深化改革作为动力，把新时代民办大学的办学质量提升到新的高度！

全球化时代的民办高等教育成为国际教育的重要组成部分，这就要求我们学习和借鉴国外私立大学的办学经验，同时还要及时吸收国内兄弟院校的教改成果，欢迎民办高校的同行批评和指导。

我校向来重视民办教育的研究工作，于2010年成立了民办高等教育研究中心，先后四次组织校级民办高等教育研究课题的招标，并且鼓励中级职称以上的教师申报国家级和省级的相关研究项目。本文集的编辑出版工作一直是在杨松书记的积极支持与指导下展开的，科研处王仁法处长全程主持和参与了编辑及整理工作，付世明教授全面负责具体的选题、审校与编排工作，郑春元同志积极地参与了行文的规范工作。这次文集的编纂和出版时间比较紧，暨南大学出版社总编辑史小军教授本着对民办教育事业的厚爱非常重视，大力支持；责任编辑吕肖剑同志也为此付出了辛勤的劳动，在此一并表示衷心的感谢。

广东培正学院民办高等教育研究中心
2013年10月15日